하나님의 이름들, 그 맥락과 의미

하나님의 이름들, 그 맥락과 의미

초판 1쇄 발행 / 2023년 6월 20일
초판 2쇄 발행 / 205년 3월 20일

지은이 / 정대진
펴낸이 / 신은철
펴낸곳 / 좋은씨앗
출판등록 / 제4-385호(1999. 12. 21)
주소 / 서울시 서초구 바우뫼로 156(MJ 빌딩), 402호
주문전화 / (02)2057-3041 주문팩스 / (02)2057-3042

www.facebook.com/goodseedbook

ISBN 978-89-5874-415-3   04230

ⓒ 정대진 2023

이 책의 저작권은 저자와 독점계약한 도서출판 좋은씨앗에 있습니다.
신저작권법에 의하여 보호를 받는 저작물이므로 무단 전재와 복제를 금합니다.

하나님의 이름들, 그 맥락과 의미

정대진

좋은씨앗

추천의 글 • 6
여는 글 • 9

*

1. 엘로힘, 야훼, 여호와 – 용어 정리 • 17
2. 에흐예 아쉐르 에흐예 – 이루어가시는 하나님 • 31
3. 야훼 엘로헤켐 – 주 너희 하나님 • 46
4. 야훼 이레 – 보시는 하나님 • 60
5. 야훼 닛시 – 나의 깃발이신 하나님 • 74
6. 야훼 샬롬 – 온전하게 하시는 하나님 • 89
7. 야훼 로이 – 나의 목자이신 하나님 • 104
8. 야훼 샴마 – 거기에 계신 하나님 • 119

*

닫는 글 • 133
'하나님의 이름' 관련 추천 도서 • 139
미주 • 141

추천의 글

간결한 문장에 힘이 있고, 아름다움이 느껴집니다. 치열한 연구와 깊은 묵상의 결과입니다. 성경 본문의 뜻을 헤아리는 신중함과, 깨달은 진리를 가감없이 말하는 선명함이 잘 조화된 책입니다. 높고 크신 하나님, 동시에 우리에게 친근하게 다가오시는 하나님의 이름을 소개하기에 안성맞춤인 작가, 정대진 목사님의 책이 반갑습니다.

같은 교회에서 사역하면서, 정 목사님의 설교를 통해 많은 감명을 받고 통찰을 얻습니다. 그 일단을 한국 교회에 내어놓게 됨을 축하드리고, 이 책을 통해 성도들이 얻을 유익을 생각하며 하나님께 감사드립니다.

박영호 포항제일교회 담임목사, 『우리가 몰랐던 1세기 교회』 저자이 책은 그리스도인에게 익숙한 하나님의 이름들을 주제로 펼쳐냅니다. 단순한 단상과 묵상이 아니라 구약 신학, 히브리 문화에 대한 깊은 이해, 충실한 원어 분석을 기반으로 전문성과 대중성이라는 두 영역을 조화롭게 엮어냈습니다.

저자의 설명과 묵상을 따라가다보면, 미처 발견하지 못했던 주님의 이름들에 담긴 신비와 경이로움을 포착하게 됩니다. 일상 속에서 적용할 수 있는 성경적 진리를 교인이라면 누구나 쉽게 이해할 수 있도록 풀어갑니다. 성경을 사랑하고 그 말씀의 진수를 느끼고자 하는 이들에게 소중한 선물이 될 것입니다. 하나님의 이름에 대한 은혜를 깊이 묵상하면서 그 이름에 담긴 은총의 스펙트럼을 경이롭게 누리는 이들이 이 책을 통해 더욱 많아지기를 기대합니다.

임성빈 한국기독교학회 회장, 전 장로회신학대학교 총장

여는 글

이름은 존재입니다. 육중한 의미를 지닙니다. 이 사실을 절감한 적이 있습니다. 결혼하고 시간이 꽤 지난 후였습니다. 아내 뱃속에 반가운 생명이 찾아왔습니다. 몹시 감격했습니다. 동시에 부모로서 숭고한 의무감을 느꼈습니다. 첫 시작은 '이름 짓기'였습니다. 너무나 부담스러웠습니다. 이름이 한 사람에게 부여하는 커다란 상징성 때문입니다.

　성경에서도 이름은 중요합니다. '이름'을 가리키는 히브리어 단어는 '쉠'(שם)입니다. 어원을 살펴보면 '바람'(wind)과 '호흡'(breath)의 의미가 바탕에 깔려 있습니다. 즉 한 사람의 내밀한 숨결을 나타냅니다. 이름은 누군가의 전 존재와 인격을 드러냅니다.[1] '쉠'이라는 단어는 구약성경에 총 864회 등장합니다. 그중에도 창세기(113회)와 시편(109회)에서 눈에 많이 띕니다.[2] 이 사실은 이름에 담긴 '창조'와 '찬송'의 특성을 명확히 드러냅니다.

우선 이름 짓기는 하나님이 행하신 천지창조의 핵심입니다. 첫날, 하나님이 빛을 창조하실 때 그냥 "밝아져라"라고 말씀하지 않으셨습니다. "빛이 있으라"라고 그 이름을 정확히 부르셨습니다. 이어서 '낮'과 '밤'이라는 이름을 각각 부르셨습니다(창 1:3-5). 둘째 날에는 궁창을 가리켜 '하늘'이란 이름을 지으셨습니다. 셋째 날에도 뭍은 '땅', 많은 물은 '바다'라고 이름을 지으셨습니다(창 1:6-9). 수면 위를 움직이는 '바람'인 창조의 영(창 1:2)이 이름을 부르며 피조물에 생명을 불어넣으셨습니다.

그렇다면 성경에 나오는 '하나님의 이름'도 단순히 신(神)을 가리키는 여느 칭호일 리 없습니다. 그 이름은 주님의 성품을 드러냅니다. 그런 까닭에 하나님의 이름은 성도가 찬양하고 예배할 대상입니다. 이와 관련해 시편을 참고할 필요가 있습니다.

> 내가 **주의 이름**을 형제에게 **선포**하고 회중 가운데에서 **주를 찬송**하리이다(시 22:22).

하나님이여 **주의 이름**으로 나를 구원하시고 **주의 힘**으로 나를 변호하소서(시 54:1).

여호와여 **주의 이름**이 영원하시니이다 여호와여 **주를 기념함**이 대대에 이르리이다(시 135:13).

이 구절들은 구약성경 특유의 평행 대구법을 잘 보여줍니다. 같은 개념을 비슷한 두 단어로 표현하여 주제를 강조하는 방식입니다. 시편 22편 22절은 '주님의 이름을 선포하는 것'과 '주님을 찬송하는 것'을 일치시킵니다. 시편 54편 1절과 135편 13절은 각각 '힘'과 '기념'을 주님의 이름에 연결합니다.[3] 하나님의 이름은 곧 주님의 권능이라는 의미입니다. 우리는 그 이름을 기억하고 명심해야 합니다. 그런 까닭에 주님은 십계명 중 세 번째로 "너는 네 하나님 여호와의 이름을 망령되게 부르지 말라"(출 20:7; 신 5:11)고 엄숙하게 명령하십니다.

하나님은 당신의 이름들을 성경 곳곳에서 알려주셨습니다. 풍성한 사랑과 은혜의 주님을 한두 개의 이름만으로는 부를 수 없습니다. 어찌 보면 당연합니다. 우리의 처지와 형편을 잘 아시는 주님은 총천연색으로 임재하시기 때문입니다. 그런 점에서 하나님을 믿으며 산다는 것은, 곧 그분의 이름을 헤아리는 삶을 뜻합니다. 우리에게 들려주시는 그분의 이름들 하나 하나를 묵상하며 주님의 자녀로서 자기를 돌아보는 것을 의미합니다.

그러할 때 우리는 비로소 하나님의 얼굴을 가까이서 마주할 수 있습니다. 사람은 하나님을 쉽게 오해합니다. 저 먼 우주 건너편에서 아른거리는 절대자로 여깁니다. 인간과 하나님 사이에 놓인 무한한 거리 때문입니다. 그러나 명심해야 할 진리가 있습니다. 그 거대한 차이를 넘어 주님이 몸소 우리에게 다가오셨습니다. 당신의 심장 소리를 들려주셨습니다. 속살을 보이셨습니다. 그 온기를 당신의 이름에 담아 직접 알려주셨습니다. 그 이름을 통해 따스한 바람처럼 다가오는 하나님의 숨결을 우리는 호흡할 수 있습니다.

이러한 하나님의 이름들을 좀 더 생생히 알 수 있도록 소개하는 것이 이 책을 쓴 목적입니다. 우선 첫 장에서는 전체적인 이해를 위해 하나님의 이름 중에서도 가장 중요한 세 가지, '엘로힘'과 '야훼'와 '여호와'에 대해 설명하겠습니다. 이어서 일곱 개의 이름, '에흐예 아쉐르 에흐예'(이루어가시는 하나님), '야훼 엘로헤켐'(주 너희 하나님), '야훼 이레'(보시는 하나님), '야훼 닛시'(나의 깃발이신 하나님), '야훼 샬롬'(온전하게 하시는 하나님), '야훼 로이'(나의 목자이신 하나님), '야훼 샴마'(거기에 계신 하나님)

를 해당 성경 본문을 중심으로 살펴보겠습니다. 앞의 두 이름은 중요도를 감안해 먼저, 나머지는 성경의 정경 순서로 배치했습니다.

각각의 이름을 설명하며 해당 연구 성과를 충실히 반영하려고 노력했습니다. 동시에 '단단한 기독교 시리즈' 취지에 맞게 교인이라면 누구나 쉽게 이해할 수 있도록, 설교 원고를 작성하는 마음가짐으로 집필했습니다. 그래서 각 장을 기도문으로 마무리했습니다. 기도는 하나님의 이름을 들은 성도가 보이는 자연스러운 반응이기 때문입니다. 무엇보다 예수님이 직접 이렇게 말씀하셨습니다.

> 너희가 **내 이름**으로 무엇을 구하든지 내가 행하리니 이는 아버지로 하여금 아들로 말미암아 영광을 받으시게 하려 함이라(요 14:13).

> 그날에는 너희가 아무것도 내게 묻지 아니하리라 내가 진실로 진실로 너희에게 이르노니 너희가 무엇이든지 아버지께 구하는 것을 **내 이름**으로 주시리라(요 16:23).

이것이 우리가 예수님의 이름으로 기도를 마치는 근거입니다. 이것은 공허한 형식이 아닙니다. 예수님의 마음을 품고 같은 뜻을 따라 기도드릴 것을 다짐하는 고백입니다.[4] 이 책을 통해 받은 은혜가 있다면 각 장의 마지막에 나오는 기도문을 예시 삼아 가만히 소리 내어 기도해보길 바랍니다. 또한 자기만의 언어로 새롭게 기도할 것을 권합니다.

다시 제 얘기로 돌아오자면, 오랜 고민 끝에 저는 아들의 이름을 인하(仁河)라고 지었습니다. 우선 어감이 좋았습니다. 또한 강물처럼 어질게 흐르며 생명을 나누는 사람이 되어가라는 바람을 담았습니다. 인하가 하나님의 따스한 숨결을 호흡하고 나누며 살아가길 소망합니다. 자라가며 자기 이름에 담긴 의미를 헤아리길 아빠로서 바랍니다. 또한 하나님의 이름에 담긴 은혜를 깨닫기를 진심으로 기도합니다.

아이의 이름을 짓는 가슴 벅찬 경험을 통해 하나님이 우리를 '자녀', '백성', '제자' 등의 새로운 이름으로 불러주신 은혜를 되새겨봅니다. 그 안에 담으신 사랑과 새롭게 불러일으키신 정체성을 돌아봅니다. 성경을 통해 다채롭게 들려주신 그분의 이름들을 떠올려봅니다. 이 책을 펴든 이들마다 그 안에 담긴 은혜를 어렴풋이나마 고백할 수 있기를 축복합니다.

글을 마무리하며 감사 인사를 남깁니다. 먼저 늘 새로운 통찰로 귀한 가르침을 주시는 포항제일교회 박영호 담임목사님과 동역자들에게 감사드립니다. 이 책을 쓸 힘을 길러주신 장로회신학대학교의 은사님들께 감사드립니다. 그중에서도 임성빈 총장님, 그리고 제자의 졸고를 읽고 귀한 조언을 주신 김진명 교수님께 더욱 감사드립니다.

끝으로 사랑하는 아내에게 가장 깊은 감사를 드립니다. 특별히, 지난해 여름부터 꽤 긴 기간 동안 집필에 매진하도록 휴일마다 시간을 배려해주어 무척 고맙고 미안합니다. 이 외에도 지면 관계상 미처 언급하지 못한 모든 이들에게 감사드립니다.

이 책은 그렇게 제가 입은 과분한 은혜의 작은 결실입니다. 저에게 하나님의 이름은 제 삶 가장 가까이에서 온기를 가져다준 소중한 이들을 통해 들려왔음을 고백합니다. 그 은혜에 보답하기 위해 더욱더 겸손하고 진실하게 섬기며 살아갈 수 있길, 마음 다해 기도합니다.

1장 엘로힘, 야훼, 여호와

용어 정리

어느 분야든 개념 이해가 중요합니다. 이 책의 주제인 '하나님의 이름' 또한 마찬가지입니다. 본격적으로 살펴보기에 앞서 이번 장에서는 하나님을 부르거나 가리킬 때, 가장 흔히 사용하는 세 가지 이름에 대해 설명하겠습니다. 바로 '엘로힘', '야훼', '여호와'입니다.

엘로힘

성경에서 하나님을 가리키는 가장 대표적이고 일반적인 히브리어는 '엘로힘'(אֱלֹהִים)입니다. 이 단어는 '엘'(אֵל)에서 유래했습니다. '엘'의 상형문자는 〽입니다. 각각 소머리(〉)와 지팡이(丿)를 뜻합니다. 황소는 옛 이스라엘 사람들이 길렀던 가장 힘센 동물입니다. 지팡이는 목자의 권위와 지도력을 상징합니다. 이 두 글자의 조합은 황소처럼 강한 리더를 가리킵니다. 당시 사람들은 하나님을 그렇게 이해했습니다.[5]

이러한 사실을 뒷받침하는 한 장면이 있습니다. 이스라엘이 출애굽 한 후 가나안으로 향하는 여정 가운데 모압 평지에 진을 쳤습니다. 모압왕 발락은 위협을 느끼고 점술가 발람을 고용합니다. 하지만 발람은 자기 의지와 무관하게 이스라엘 편에서 예언합니다. 그를 압도적으로 사로잡은 하나님이 행하신 일입니다. 이때 주님이 발람을 통해 하신 다음과 같은 선포를 주목해야 합니다.

하나님[엘]이 그들을 애굽에서 인도하여 내셨으니 그의 힘이 **들소**와 같도다(민 23:22).

자기 백성을 이집트 노예살이에서 구해내신 하나님의 권능을 생생하게 묘사하고 있습니다. 이 구절에서 얼마든지 다른 동물을 비유할 수 있으나 굳이 '들소'를 언급합니다. '엘'이라는 하나님의 이름이 상형문자 때부터 지니고 있던 상징성이 고스란히 드러납니다.

또한 야곱은 세겜에서 제단을 쌓고 그 이름을 '엘엘로헤이스라엘'이라고 지었습니다(창 33:20). 이 이름에 결합된 세 단어를 나누어 볼 필요가 있습니다. 바로 '엘', '엘로헤', '이스라엘'입니다. 의미를 풀어보면 '이스라엘의 하나님이신 엘'이라는 뜻입니다. 여기서 한 가지 분명한 사실을 확인할 수 있습니다. '엘'이 할아버지 아브라함과 아버지 이삭으로부터 이어온 신앙 대상으로서, 야곱이 예배한 주님을 가리키는 고유명사로 등장합니다.

사실 '엘'은 이스라엘뿐 아니라 당시 가나안 지역에 널리 알려진, 신을 가리키는 보통명사였습니다. 하지만 창세기는 아브라함과 그의 자손들이 인격적으로 만난 하나님의 이름으로 '엘'을 적극적으로 사용했습니다.[6] 그런 까닭에 **'엘 샤다이'**(창 17:1, 전능하신 하나님)나 **'엘 벧엘'**(창 28:19, 벧엘의 하나님)을 비롯해 '엘'이 포함된 여러 호칭이 나왔습니다.

'엘로힘'은 이러한 '엘'에서 파생한 '엘로아흐'의 복수형입니다. 주의할 점이 있습니다. 여기서 복수(複數)는 수량을 의미하지 않습니다. 즉 '신들'이라는 뜻이 아닙니다. 기독교는 다신교가 아닙니다. 하나님은 여러 신으로 이루어진 무리에 속하지 않습니다. 우리가 믿고 따르는 하나님은 온 우주 가운데서 유일한 분이십니다. 그렇다면 이스라엘은 그런 하나님을 왜 복수형으로 불렀을까요?

이와 관련해 히브리어는 양(量)뿐 아니라 질(質)도 복수로 표기한다는 사실을 유념할 필요가 있습니다. 이를 드러내는 매우 중요한 구절이 있습니다. 바로 창세기 1장 1절입니다.

> 태초에 하나님['엘로힘', 복수형]이 천지를 창조['바라', 단수형]하시니라.

성경의 첫 구절이자 하나님의 이름 '엘로힘'이 가장 먼저 언급되는 말씀입니다. 여기서 눈여겨봐야 할 부분이 있습니다. 앞서 설명했듯 '엘로힘'은 문법상 복수형입니다. 그런데 함께 쓰인, '창조'를 뜻하는 히브리어 동사 '바라'는 단수형입니다. 이를 통해 '엘로힘'의 문법 형식은 복수지만 실체는 단수라는 사실을 확인할 수 있습니다.

그러므로 '엘로힘'은 이미 '엘'이나 '엘로아흐'라고도 부르는 하나님이 '크고 강한 존재'이심을 알려줍니다.[7] 창조주 하나님은 고대 세계의 그 어떤 신과도 감히 비교할 수 없으며 절대적으로 유일하고 전능한 분이십니다. 하나님의 이름 '엘로힘'에는 이처럼 위대한 신앙고백이 담겨 있습니다.

야훼

<u>어떻게 발음할 것인가?</u>

'엘로힘' 못지않게 성경에 자주 등장하는 중요한 하나님의 이름이 있습니다. 바로 '야훼'입니다. 이 책에서 주로 다룰 이름입니다. 우리나라 교인들에게는 개역개정 성경에 나오는 '여호와'로 익숙한 이름입니다. 사실 이 이름을 정확히 어떻게 발음하는지는 알기 어렵습니다. 본래 히브리어에는 우리말 '아, 야, 어, 여…'에 해당하는 모음이 없기 때문입니다.

하지만 오랜 시간이 지나 주후 7세기경부터 성경의 정확한 히브리어 발음을 기록하기 위해 모음을 표기하기 시작했습니다. 다만 유일한 예외가 있습니다. 바로 자음 네 개(יהוה, YHWH)로 기록한 하나님의 이름입니다. 학계에서는 이것을 신명사문자(神名四文字)라고 부릅니다. 신명, 즉 하나님의 이름을 적은 네 개의 문자라는 뜻입니다. 헬라어로 '테트라그람마톤'(Τετραγράμματον)이라고도 부릅니다.

이스라엘 사람들은 이 네 글자에 십계명의 제3계명("너는 네 하나님 여호와의 이름을 망령되게 부르지 말라")을 엄격히 적용했습니다. 특히 스룹바벨 총독의 주도로 예루살렘에 두 번째 성전이 세워진 주전 500년경 이후 유대인들은 그 거룩한 이름에 더욱 경외를 표했습니다. 직접 소리 내어 부르지 않았습니다. 대신에 '나의 주님'이라는 뜻의 히브리어 '아도나이'(אֲדֹנָי)로 읽었습니다.

이러한 전통에 따라 구약성경을 헬라어로 번역한 칠십인역 성경도 그 이름을 '주님'이라는 뜻의 '퀴리오스'(Κύριος)로 옮겼습니다. 이 영향으로 많은 영어성경이 'The LORD'라고 표기합니다. 우리나라의 경우 새번역 성경에서 이를 계승해 '주'(主)라고 적습니다.[8] 이러한 태도는 매우 타당합니다. 오늘날에도 어른의 존함을 함부로 부르지 않는 것이 당연한 예의입니다. 하물며 존귀하신 하나님의 이름 앞에서 엄숙히 긴장하고 삼가는 것은 신앙인의 기본 자세입니다. 마땅히 지켜야 할 소중한 전통입니다.

동시에 여기에는 명백한 한계가 있습니다. 우리에게 당신의 이름을 부르게 하신 하나님의 뜻과 멀어지게 합니다. 주님이 몸소 당신을 내려놓으며 원하신 '친밀함'이 가려집니다. 온기를 잃고 창백해진 종교 전통이 자칫 신앙의 푸르른 생명력을 덮어 버릴 수 있습니다. 게다가 하나님이 당신의 이름을 스스로 드러내신 본문에서 '나의 주님'이라는 호칭은 무척 어색합니다.

그런 까닭에 학자들은 신명사문자를 어떻게 읽어야 하는지 많이 연구했고, 그 결과가 바로 '야훼'(혹은 '야웨')입니다. 물론

'야훼'가 완벽한 발음은 아닙니다. 정확한 실체는 여전히 알기 어렵습니다. 다만 '야훼'라고 부를 때, 우리는 주님이 몸소 알려 주신 당신의 이름을 소리 내어 말하는 따뜻한 은혜를 누립니다. 그래서 이 책에서는 신명사문자에 해당하는 하나님의 이름을 '야훼'로 적고자 합니다.[9]

무슨 의미인가?

하나님의 이름 '야훼'의 의미를 차근히 묵상하려면 해당 성경 구절을 살펴볼 필요가 있습니다. 그런데 이때, 곤혹스러운 모순을 발견하게 됩니다. '야훼'에 관한 매우 상반된 두 구절이 나오기 때문입니다. 먼저 창세기에는 이런 기록이 있습니다.

> 셋도 아들을 낳고 그의 이름을 에노스라 하였으며 그때에 사람들이 비로소 **여호와**[야훼]의 이름을 불렀더라(창 4:26).

아득히 먼 옛날에 일어난 일입니다. 아담의 둘째 아들 아벨이 비극적으로 죽고 난 후, 새로운 아들이 태어났습니다. 그가 자라서 아들 에노스를 낳았습니다. 그제야 사람들은 하나님을 '야훼'라는 이름으로 불렀습니다. 물론 그전부터 성경에서는 야훼를 언급하고 있습니다(창 2:4). 하지만 사람들이 그 이름을 알고 하나님을 그 이름으로 불렀다는 최초의 기록은 창세기 4장 26절입니다. 반면, 출애굽기에는 전혀 다른 내용이 나옵니다.

> ² 하나님이 모세에게 말씀하여 이르시되 나는 여호와이니라 ³ 내가 아브라함과 이삭과 야곱에게 **전능의 하나님[엘 샤다이]**으로 나타났으나 **나의 이름을 여호와[야훼]로는 그들에게 알리지 아니하였고**(출 6:2-3).

출애굽기에 따르면, 하나님은 당신의 이름 '야훼'를 이스라엘의 조상인 아브라함과 이삭과 야곱에게 알려주지 않으셨습니다. '야훼'라는 이름을 최초로 부른 사람은 모세입니다. 이는 에노스 때부터 이미 하나님을 '야훼'라고 불렀다는 창세기의 기록과 매우 다릅니다. 창세기는 아브라함의 소명이 담긴 12장을 "야훼께서 아브람에게 이르시되"라고 시작합니다. 심지어 12장 8절 후반부에는 이런 기록도 있습니다.

> 그가[아브라함이] 그곳에서 **야훼**께 제단을 쌓고 **야훼**의 이름을 부르더니.

아마도 모세와 그 시대의 이스라엘 사람들, 그리고 출애굽기를 첫 번째로 읽은 독자들 역시 창세기에 등장하는 하나님의 이름 '야훼'를 이미 잘 알고 있었을 것입니다. 그런데 왜 출애굽기 6장 2-3절은 정반대의 무모한 주장을 했을까요? 상당한 난제입니다. 이를 해결하기 위해 신학계에서는 많은 노력을 기울였습니다. 이 책의 성격과 지면 관계상 그 모두를 설명하기는 곤란합니다. 다만 본질은 야훼가 이스라엘에게 '언제' 알려졌느냐가 아니라는 점에 유의해야 합니다. 정확한 시기를 따지느라 지나치게 많은 힘을 쏟을 필요가 없습니다. 핵심은 모세 이후에 그 이름 야훼가 이스라엘에게 '새롭고 분명한 의미'로 와닿았다는 사실입니다.

앞서 보았듯 창세기의 중요한 장면마다 '야훼'라는 이름이 여러 번 나타납니다. 심지어 '불렀다'라는 기록도 있습니다. 그 '야훼'가 출애굽기에도 등장합니다. 하지만 이름의 깊이가 달라졌습니다. 백성의 상황이 완전히 변했기 때문입니다.

창세기에서 아브라함과 이삭과 야곱은 족장입니다. 그들에게 '야훼'는 가족의 하나님이었습니다. 그러나 수백 년이 지나서 그들의 후손은 거대한 민족을 이루었습니다. 이에 이집트 제국은 심각한 위협을 느끼고 그들을 노예로 삼았습니다. 이스라엘은 노예 신세가 되어 학대와 노역에 시달렸습니다. 하지만 비참한 현실과 고통을 거치면서 하나님을 더 넓게 더 깊이 만났습니다.

하나님은 전적인 은혜로 이집트의 막강한 군대를 굴복시키고 자기 백성을 구해내셨습니다. 주님은 더 이상 조상들만의 하나님이 아닙니다. 하나님의 구원은 아브라함과 이삭과 야곱, 각 개인 혹은 그 가족들에게만 머물지 않았습니다. 열 가지 재앙은 전능한 줄로만 알았던 이집트의 우상이 허상에 불과하다는 사실을 폭로했습니다. 이로써 하나님은 당신이 온 우주의 참된 창조자임을 보여주셨습니다.

이뿐만이 아닙니다. 이스라엘은 갈라진 홍해 사이를 떨리는 발걸음으로 지났습니다. 이집트 정예부대가 말발굽 소리를 울리며 맹렬히 쫓아왔습니다. 하지만 그들은 금세 물살에 휩쓸리고 말았습니다. 최강일 것 같던 제국의 취약한 실상이 드러났습니다. 이를 통해 하나님이 온 세계의 진정한 구원자임을 여실히 선포하셨습니다. 그 하나님이 이렇게 당신의 이름을 말씀하십니다.

나는 너를 애굽 땅, 종 되었던 집에서 인도하여 낸 네 하나님 **야훼**니라(출 20:2).

이것은 이후로도 계속 말씀하시는 하나님의 자기 정체성입니다. 주님의 역동적인 사랑과 구원을 이미 알려진 이름 '야훼'를 통해 거듭 강조하십니다.[10]

흥미로운 사실이 있습니다. 성경 곳곳에서 '야훼'를 '엘로힘'과 의도적으로 대조하며 주제를 드러냅니다. 룻기와 욥기가 대표적입니다. 룻기는 하나님이 양식과 생명을 주시며 자기 백성을 돌보심을 아름다운 이야기로 들려줍니다. 룻기에서 '엘로힘'은 이방 여인 룻의 입을 통해, 그것도 모압 지방에 있을 때 단 한 번 언급합니다(1:16). 반면에 베들레헴에서 일어난 사건과 대화에서는 주로 '야훼'가 등장합니다. 그중에서도 2장 4절에서 보아스와 일꾼들이 서로 나누는 축복을 눈여겨보십시오.

주님[야훼]께서 자네들과 **함께하시기를** 비네(새번역).

주님[야훼]께서 주인 어른께 **복을 베푸시기** 바랍니다(새번역).

이 구절에서 '함께하심'과 '복'이 서로 교차하며 평행을 이룹니다. 그리고 그 은혜의 주체가 '야훼'라고 분명히 선포합니다. 이를 통해 룻기 전체가 증언하는 주제, '공급하시는 하나님'이 잘 드러납니다.[11] 욥기도 마찬가지입니다.

¹ 우스 땅에 욥이라 불리는 사람이 있었는데 그 사람은 온전하고 정직하여 **하나님[엘로힘]**을 경외하며 악에서 떠난 자더라 ² 그에게 아들 일곱과 딸 셋이 태어나니라 ³ 그의 소유물은 양이 칠천 마리요 낙타가 삼천 마리요 소가 오백 겨리요 암나귀가 오백 마리이며 종도 많이 있었으니 이 사람은 동방 사람 중에 가장 훌륭한 자라(욥 1:1-3).

¹² **여호와[야훼]**께서 욥의 말년에 욥에게 처음보다 더 복을 주시니 그가 양 만 사천과 낙타 육천과 소 천 겨리와 암나귀 천을 두었고 ¹³ 또 아들 일곱과 딸 셋을 두었으며(욥 42:12-13).

1장 1-3절, 욥의 재산 목록을 언급하는 대목에서 하나님의 이름은 '엘로힘'으로 불립니다. 그런데 욥기를 끝맺는 42장 12-13절에서는 '야훼'가 등장합니다. 서로 대응하는 본문에서 하나님의 이름을 명백히 의도적으로 바꿔 쓰고 있습니다. 그 이름 '야훼'를 통해 인생의 시작과 끝을 다스리고 복 주시는 하나님을 더욱 선명하게 보여줍니다.[12]

이와 같은 성경 구절들을 통해 하나님의 이름 '야훼'가 지닌 친밀한 인격성을 분명히 확인하게 됩니다.

여호와

'야훼'보다 우리에게 더 익숙한 하나님의 이름은 '여호와'입니다. 한국 교회에서 가장 널리 사용하는 개역개정 성경이 개역한글 성경의 전통을 따라서 '야훼'를 '여호와'로 번역했기 때문입니다. 앞서 살펴보았듯 유대인들은 신명사문자를 본래 발음으로 부르지 않았습니다. 그 대신 '나의 주님'이라는 뜻의 '아도나이'로 읽었습니다. 아도나이의 '모음'을 신명사문자의 '자음'에 결합한 단어가 바로 '여호와'입니다. 영어로는 'Jehovah'라고 적습니다. 이해를 돕기 위해 다음 그림을 참고하길 바랍니다.

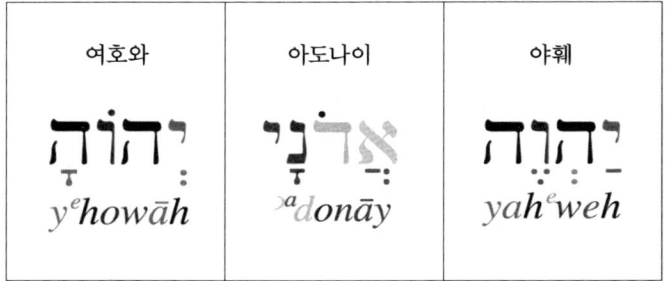

ⓒ Joo, Wonjun / 주원준 박사(한남성서연구소)

13세기 도미니코 수도회 수사 레이먼드 마티니가 이런 표기법을 먼저 제안했습니다. 이후에 교황 레오 10세의 고해 신부였던 피에트로 갈라티노가 본격적으로 확산시켰습니다.[13] 시간이 흘러 우리말 성경을 번역할 때, 1901년에 나온 미국의 ASV(미국표준역) 성경의 'Jehovah'와 중국 성경의 '耶和華'(야화화)를 받아들여 '여호와'로 적었습니다.[14] 그러나 앞서 살펴보았듯 신명사문자의 발음은 '야훼'(혹은 '야웨')일 가능성이 큽니다.

따라서 '여호와'는 성경의 근거가 없는 표기입니다. 만들어진 과정도 인위적이고 세계적으로 점점 사용하지 않는 추세입니다. 대한성서공회에서 발간한 새번역 성경이 '주'로, 공동번역 성경은 '야훼'로 옮긴 이유입니다. 그러나 교인들이 '여호와'라는 이름을 사용한다고 해서 무조건 금지하거나 부정적으로 생각해서는 안 됩니다. 과정상의 아쉬움은 별개로 '여호와'가 한국 교회 안에 자리 잡은 정서를 충분히 존중할 필요가 있습니다.

다만 개인적으로 성경을 묵상할 때 '여호와' 대신에 역사적인 전통을 따라 '주님'으로 읽어보길 제안합니다. 구절에 따라 '야훼'라고 불러보는 것도 좋습니다. 해당 본문을 새번역이나 공동번역 성경과 비교하며 살펴보는 것도 아주 좋은 묵상법입니다. 그 이름에 담긴 풍성한 의미를 만나게 될 것입니다.

2장 에흐예 아쉐르 에흐예

이루어가시는 하나님

하나님이 모세에게 대답하셨다. **"나는 곧 나다.** 너는 이스라엘 자손에게 이르기를, '나'라고 하는 분이 너를 그들에게 보냈다고 하여라"(출 3:14, 새번역).

그 이름은 비참한 일상을 살아가는 한 사람에게 불어왔습니다. 그의 초라한 현재는 찬란했던 과거와 극명하게 다릅니다. 어린 시절 뛰놀았던 왕궁의 황금 장식과 가축들의 누런 분뇨가, 화려한 궁중 음악과 황량한 모래바람 소리가 명백한 대조를 이룹니다. 이렇듯 모세는 성경 인물 중에서 가장 가파른 수직 낙하를 경험했습니다. 지난날에 대한 번민과 후회가 그를 무겁게 짓눌렀습니다.

하나님이 그런 모세를 부르셨습니다. 그날도 그는 장인 이드로의 양 떼를 치고 있었습니다. 발걸음은 무심결에 광야 서쪽, 하나님의 산 호렙으로 향했습니다. 이 장면을 묘사하는 성경 구절이 인상적입니다. "모세가…그 떼를 광야 서쪽으로 **인도하여**"(출 3:1)라고 기록합니다. 여기서 '인도'로 옮긴 히브리어 '나하그'는 출애굽기에서 단 세 번만 등장합니다. 흥미롭게도 나머지 두 번의 경우에서 주어는 '하나님'입니다(출 10:13, 14:25).

모세가 내디딘 걸음은 주님이 예비하신 장소로 향합니다. 그는 평소 하던 대로 자기가 가축을 몰았다고 생각할지 모릅니다. 하지만 성경을 읽는 우리는 알고 있습니다. 하나님이 모세를 인도하여 그리로 오게 하셨습니다. 주님은 오랜 침묵을 깨고 그를 찾아오셨습니다.

그 만남은 신비로운 장면을 배경으로 펼쳐집니다. 모세는 불붙은 떨기나무를 보았습니다. 놀랍게도 그 나무는 불에 타 없어지지 않았습니다. 영롱한 빛을 계속 발하고 있었습니다. 그 불꽃이 모세의 눈길을 사로잡고, 그의 발길을 잡아당겼습니다. 바로 그곳에서 모세는 하나님의 부르심을 받았습니다. 하나님은 그에게 노예살이하는 이스라엘 백성을 구원하라고 명하셨습니다.

이때 모세는 과연 어떤 마음이 들었을까요? 무척 황당했을 것입니다. 혈기 왕성하고 자신감으로 가득 찼던 젊은 날, 그가 이미 시도했던 일이었기 때문입니다. 일찍이 그는 고통당하는 동족을 구하고자 적극적으로 나섰습니다. 결과는 처참했습니다. 이루 말할 수 없는 배신과 굴욕을 겪었습니다. 훗날 집사 스데반은 그 사건을 두고 이렇게 말합니다.

> 24 한 사람이 원통한 일 당함을 보고 보호하여 압제받는 자를 위하여 원수를 갚아 애굽 사람을 쳐 죽이니라 25 그는 그의 형제들이 **하나님께서 자기의 손을 통하여 구원해주시는 것을 깨달으리라고 생각하였으나** 그들이 깨닫지 못하였더라(행 7:24-25).

모세는 태어날 때 잔인한 유아 살해의 희생자가 될 뻔했습니다. 갈대 상자에 담겨 나일강 가에 버려졌습니다. 하지만 극적으로 살아남아 이집트 공주의 양자로 자랐습니다. 게다가 어머니 요게벳이 그의 유모로 왕궁에 들어왔습니다. 긴장감 넘치는 기묘한 성장 환경입니다. 그 덕분에 모세는 자신의 민족 정체성을 일찌감치 알고 있었습니다. 노예의 아들인 자기가 이집트 왕족의 일원이 된 이유를 자연스레 깨달았습니다. 하나님이 자기를 통해 무언가 특별한 계획을 세우셨으리라고 확신했습니다.

따라서 모세가 어느 잔인한 이집트 관리를 처단한 것은 우발적인 살인이 아니었습니다. 그는 그 일이 자신의 손을 통한 '하나님의 구원'이라고 생각했습니다. 성경에 자세히 기록되어 있지 않아 정확한 내막은 알 수 없습니다. 하지만 모세에게는 분명히 나름의 원대한 계획이 있었을 것입니다. 이집트 입장에서는 '역모'입니다. 그가 지닌 사면권을 넘어선 범죄입니다. 결국 그가 처벌을 피하고자 도망친 이유입니다.

이렇듯 모세는 그동안 자신이 누려온 모든 기득권을 걸고 하나님의 뜻을 이루고자 했습니다. 그런 진심을 이스라엘이 알아주리라 기대했습니다. 그들이 금세 대의에 함께하리라고 믿었습니다. 하지만 현실은 달랐습니다. 그는 허무하게 버림받았습니다. 정신을 차려보니 이방 신을 섬기는 장인의 눈치를 보며, 이집트 사람들이 가증하게 여기던(창 46:34) 목축 일을 하고 있었습니다.

그렇게 40년의 세월이 흘렀습니다. 모세는 어느새 무기력한 여든 살 노인이 되었습니다. 그의 자존감은 바닥을 쳤습니다. 그런 까닭에 이제 와서 이집트로 다시 돌아가 이스라엘 백성을 구하라는 하나님의 말씀을 듣고 헛헛한 웃음을 지었을 것입니다. 하나님의 명령을 도무지 따를 수 없었습니다. '가라'고 명하시는 하나님과 '못 갑니다'라고 거부하는 모세 사이에 실랑이가 이어집니다. 그러다가 불쑥 모세는 하나님의 이름을 묻습니다.

> 모세가 하나님께 아뢰되 내가 이스라엘 자손에게 가서 이르기를 **너희의 조상의 하나님이** 나를 너희에게 보내셨다 하면 그들이 내게 묻기를 **그의 이름이 무엇이냐 하리니** 내가 무엇이라고 그들에게 말하리이까(출 3:13).

모세는 이스라엘을 향해 "너희의 조상의 하나님"이 자기를 보내셨다고 말하는 상황을 가정합니다. 그러면 백성이 자기에게 "그의 이름이 무엇이냐"라고 물을 것이라고 예상합니다. 이 대목에서 주목해야 할 점이 있습니다. 하나님의 이름을 묻는 사람들은 과연 누구일까요? 그들은 이방인이 아닙니다. 주님과 위대한 언약을 맺은 주인공, 아브라함의 후예인 이스라엘입니다. 그들은 조상 아브라함은 물론이고 이삭과 야곱과 요셉을 잘 알고 있습니다. 그들과 함께하신 하나님의 이야기를 수없이 들으며 살아왔습니다.

그런데 이스라엘이 왜 새삼스럽게 하나님의 이름을 물을까요? 더 정확히 말해, 모세는 왜 그들이 그런 질문을 할 것이라고 예상했을까요? 수백 년 동안 이어진 노예살이 때문입니다. 어느새 그들에게 하나님은 침묵하고 멀리 떠나버린 신이 되었습니다. 고된 일상이 하나님을 등지게 했습니다. 그분의 존재는 어렴풋이 인정하더라도 이름은 차츰 마음에서 지워지고 있었습니다. 그래서 그 이름을 물으며 주님의 존재를 확인하길 바랐습니다.

사실 이 질문은 근본적으로 모세의 것입니다. 누구보다 모세 자신이 하나님의 이름을 간절히 알기 원했습니다. 단순히 몇 글자로 이루어진 명칭을 가리키는 것이 아닙니다. 그 이름에 담긴, 생생히 살아 숨 쉬는 주님의 인격을 마주하길 원했습니다. 그 이름을 소리 내어 부를 때 온몸과 마음을 휘감는 따스한 관계를 확인하길 바랐습니다. 그 이름을 통해 당신을 드러내신 주님의 사랑을 느끼길 소망했습니다. 그러자 하나님은 이렇게 당신의 이름을 가르쳐주십니다.

> 하나님이 모세에게 이르시되 나는 **스스로 있는 자**이니라 또 이르시되 너는 이스라엘 자손에게 이같이 이르기를 **스스로 있는 자**가 나를 너희에게 보내셨다 하라(출 3:14).

하나님은 당신의 이름을 "스스로 있는 자"라고 알려주셨습니다. 해당 구약의 원문은 '에흐예 아쉐르 에흐예'(אֶהְיֶה אֲשֶׁר אֶהְיֶה) 입니다. 그 이름은 단어 세 개로 이루어져 있습니다. 시작과 끝은 둘 다 '에흐예'입니다. 이 말은 '존재하다'라는 영어의 'be' 동사와 비슷한 뜻을 가진, 히브리어 '하야'의 1인칭 단수 미완료 동사입니다.[15] 가운데 있는 '아쉐르'는 영어의 'that'이나 'who'와 같은 관계대명사 기능을 합니다.

그래서 새번역과 공동번역 성경은 해당 구절을 "나는 곧 나"라고 옮겼습니다. 대부분의 영어 성경도 "I am who I am"(NRSV, NIV)이나 "I Am That I Am"(KJ21)으로 번역했습니다. 그럼에도 의미가 명확히 와닿지 않습니다. 해석하기가 상당히 어렵습니다. 이 때문에 해당 주제에 관한 연구가 오랫동안 이어져 왔는데, 다음 세 가지로 정리해볼 수 있습니다.

첫째, '사역형'(히필)으로 해석하는 방법입니다. 그러면 '그가 존재하게 하신다', '그가 창조하신다'라는 의미가 됩니다. 이 경우에 그 이름은 창조주 하나님의 주권적 활동을 강조하는 호칭이 됩니다. 하지만 히브리어 성경의 '모음'을 수정해야 하는 단점이 있습니다.[16, 17]

둘째, '단순형'(칼)으로 해석하는 방법입니다. 구약성경을 헬라어로 옮긴 칠십인역의 견해이기도 합니다. 동시에 우리에게 가장 친숙합니다. 개역개정 성경의 본문대로 "나는 스스로 있는 자"라고 옮기게 됩니다. 이는 하나님의 주권적 의지와 초월성을 드러내는 표현입니다. 하지만 그리스 철학의 사고가 개입되었다는 한계가 있습니다.[18]

셋째, '미래 의미'로 해석하는 방법입니다. '나는 있는 자로 있을 것이다'(I will be who I am) 혹은 '나는 있을 자다'(I am who I will be)라는 뜻입니다.[19] 여기서 주의할 점이 있습니다. 엄밀히 말해, 성경 히브리어에는 이른바 시제(tense)가 없습니다. 동작의 '완료'와 '미완료'로 구분합니다. 이 둘은 현대 언어학이 규정하기 힘든 다양한 시간 표현을 포괄합니다.[20] 대신 각 본문의 맥락을 따라 어느 시점을 강조하는지 파악할 수 있습니다. 관련해 출애굽기 3장 14절의 문맥을 주목해야 합니다. 하나님은 '모세와 함께할 것이고 함께 갈 것'을 다음과 같이 약속하셨습니다.

내가 반드시 너와 함께 있으리라(출 3:12).
내가 네 입과 함께 있[으리라](출 4:12, 15).
나는 너희의 하나님이 되리니(출 6:7).

이렇게 히브리어 문장 '에흐예 아쉐르 에흐예'를 이해하는 세 가지 견해 모두 타당합니다. 한 가지만 일방적으로 주장하는 것은 어리석습니다. 출애굽기 3장 14절에서 하나님의 이름은 '신중함을 반영'하며 '모호하게' 다가오기 때문입니다. 백성들이 함부로 주님을 소유하지 못하게 하려는, 하나님의 주권을 표현한 의도로 볼 수 있습니다.[21] 다만, 그럼에도 이 책에서는 세 번째 해석, 즉 주님의 역동성을 담은 '미래 의미'에 조심스레 더 무게를 싣고 싶습니다.

따라서 출애굽기 3장 14절에서 모세를 통해 계시하신 하나님의 이름 '에흐예 아쉐르 에흐예'는 '이루어가시는 하나님'으로 해석할 수 있습니다. 즉 "하나님이 자기 백성을 향해 방향을 정하셨고, 구원자, 인도자, 심판자로 그들 가운데 계시며, 백성들은 예배를 통해 그분에게 나아갈 수 있다"는 의미입니다.[22] 주님이 이미 지난날 그들의 하나님이셨듯 현재는 물론이고 앞으로도 그들을 위해 신실하신 하나님이 되어가십니다.[23]

이렇듯 하나님은 당신의 이름 안에 적극적인 구원의 의지와 계획을 담으셨습니다. 그 이름이 모세를 일으켰습니다. 마침내 그는 부르심에 순종했습니다. 모세는 '이루어가시는 하나님'과 마주하고 그 이름을 부르며 자기 자신과 직면했습니다. 그제야 비로소 자신의 지난날을 품을 수 있었습니다. 그 처절한 좌절의 의미를 알게 되었습니다. 자신이 결코 인생의 낙오자가 아님을 깨달았습니다.

모세는 그러한 감격을 안고 이집트로 돌아갔습니다. 그가 행한 출애굽 사역의 핵심이 여기에 있습니다. 출애굽은 단순히 정치적 사건이 아닙니다. 거창한 혁명이나 계급투쟁이 아닙니다. 고도의 문명을 바탕으로 거짓 신을 섬기는 이집트 제국 한복판에서 하나님의 이름을 당당히 드러낸 복음 선포입니다. 이것이 출애굽의 본질입니다.

이스라엘은 이처럼 '이루어가시는 하나님'을 믿고 따르는 사람들입니다. 이것이 그들의 가장 중요한 정체성입니다. 그들은 험난한 노예살이를 지나오며 주님을 과거에 가두었습니다. 지난날 조상들에게는 대단한 하나님일지 모르지만 지금 마주하는 고달픈 삶의 현실과는 무관하다고 생각했습니다. 앞날에 대한 기대를 지워버리는 존재였습니다. 그들의 마음에 어느새 이집트의 우상이 스며들었습니다. 그 결과, 훗날 그들이 광야 길에서 금세 푸념하며 본색을 드러내듯 그저 하루하루 배불리 먹고사는 걸 가장 우선시했습니다(출 16:3).

그러나 이스라엘은 모세를 통해 주님의 이름을 들었습니다. 하나님은 하나님답게 그들과 영원히 함께 계십니다. 그 증거를 열 가지 재앙으로 증명해 보이셨습니다. 마침내 파라오의 장자마저 목숨을 잃었습니다. 제국의 질서가 뒤집혔습니다.

우상이 쓰러졌습니다. 하나님이 아니면서 하나님의 자리를 차지했던 모든 것이 무너졌습니다. 그 자리에 주님의 이름이 우뚝 섰습니다.

출애굽을 시작으로 온 세상을 향한 구원이 본격적으로 열렸습니다. 어찌 보면 성경은 하나님이 당신의 이름을 계속해서 증명하시는 이야기입니다. 백성들이 경험하는 구체적인 현실 속에 주님이 계속해서 찾아오십니다. 낡고 완고한 전통을 뛰어넘는 새로운 구원을 펼치십니다. 그리하여 하나님의 하나님 됨을 온전히 알려주십니다.

이스라엘 역사에서 이집트 노예살이 다음으로, 어쩌면 그 이상으로 혹독한 시련은 바벨론 포로 생활이었습니다. 그 절망적인 시대에 제사장 에스겔은 예언자로 하나님께 부르심을 받았습니다. 그는 그발강 가에서 하나님의 특별한 임재를 경험했습니다. 이전에 전혀 들어보지 못한 낯선 모습의 하나님이었습니다.

에스겔 1장은 그때 그가 목격한 신비로운 장면을 묘사합니다. 성경에서 천사의 모습을 가장 자세히 설명한 본문이기도 합니다. 여기서 눈길을 사로잡는 부분이 있습니다. 바로 '바퀴'입니다. 천사들을 움직이는 영을 둘러싸고 "바퀴 안에 바퀴"(겔 1:16)가 있습니다. 천사들의 역동적인 활동성이 돋보입니다.

중요한 점은 천사들의 덮개(궁창) 위에 하나님의 보좌가 있다는 사실입니다(겔 1:26). 천사들의 움직임은 하나님의 역동적인 이동과 연결됩니다. 이스라엘이 오랫동안 익숙하게 알고 믿어온 것과 달리 주님은 더 이상 성전 안, 법궤 위에만 계시지 않습니다. 예루살렘을 떠나 먼 타국에서 험난한 포로살이를 하는 자기 백성에게 천사들과 함께 맹렬히 달려오셨습니다. 그렇게 변함없이 그들의 하나님이 되어 새 힘을 주셨습니다.

이처럼 하나님은 자기 백성이 지나온 역사의 흐름 속에 늘 함께하셨습니다. 사람들의 제한된 경험과 연약한 판단으로 감히 다 담을 수 없는 무한한 신비로 새롭게 찾아오셨습니다. 찬란한 변화를 이어가셨습니다. 그 정점에 예수님의 임재가 있습니다. 위대한 성탄이 이루어졌습니다.

여기서 놀라운 역설을 발견합니다. 하나는 일찍이 모세에게 '나는 곧 나다' 혹은 '나는 내가 될 것이다'라고 번역할 수 있는, 당신의 신비로운 이름을 알려주셨습니다. 그런데 이러한 '하나님의 자기 이루심'과 '하나님다움'은 인간과의 아득한 거리감이 아닙니다. 웅장한 신성이 아닙니다. 한 아기의 탄생 그리고 비참한 십자가 죽음입니다. 하나님의 진정한 하나님다움을 '참 사람'의 모습으로 드러내셨습니다.

너무나 위대한 모순입니다. 출애굽에서 본격적으로 시작된 주님의 구원은 인간이 보기에 전혀 하나님답지 않은 방식으로 정점에 다다랐습니다. 예수님은 모세의 절망과 감히 비할 수 없는 혹독한 절망을 거치셨습니다. 이방 군대에 의해 성전이 무너진 것 이상으로 끔찍하게 버림받으셨습니다. 그 결과 부활의 생명이 피어올랐습니다.

부활이 부활다울 수 있는 까닭은 십자가를 통과했기 때문입니다. 마찬가지로 하나님이 하나님다울 수 있는 가장 근본적인 이유는 진정한 사람이 되셨기 때문입니다. 전적으로 자유로운 주님의 의지로 일어난 일입니다. 이 세상에서 가장 위대한 사랑입니다. 그 사랑이 마침내 온 세상을 구원했습니다. 그 구원으로 우리는 하나님의 자녀가 되었습니다.

그날 떨기나무 앞에 섰던 모세는 비참한 현실에 파묻혀 주님께 실망한 모든 사람을 대표합니다. 지난날 그는 하나님을 잘 알고 있다고 자부했습니다. 누구보다 열정적으로 하나님을 위해 헌신했다고 자신했습니다. 그렇지만 결과는 전혀 뜻밖의 좌절이었습니다. 오늘날에도 주위에서 쉽게 발견하는 모습입니다. 이루 말할 수 없는 실망감에 사로잡혀 심지어 교회를 떠나는 경우도 봅니다.

어쩌면 지금 여러분도 여든 살 모세처럼 스산한 마음으로 인생의 발걸음을 옮기고 있을는지 모릅니다. 그때, 모진 시련을 지날 때, 하나님의 이름을 명심하길 바랍니다. 모세를 일으켜 세워 자기 백성에게 보내며 주님이 친히 알려주신 이름을 마음 깊이 새기길 바랍니다.

그 이름 '에흐예 아쉐르 에흐예'에 담긴, 이루어가시는 하나님이 행하시는 놀랍고 위대한 구원을 신뢰하길 바랍니다. 물론 그럼에도 여전히 삶은 녹록지 않습니다. 모세 또한 생을 마치는 날까지 숱한 배신과 절망을 경험했습니다. 그러나 하나님은 영원히 변함없이 우리의 일상 깊숙이 찾아오십니다. 당신의 이름을 통해 알려주신 바와 같이 그 모든 죽음을 넘어 생명을 가져다주십니다.

이러한 복음을 신뢰하길 바랍니다. 저마다의 떨기나무 앞에서 자기에게 주어진 소명을 확인하길 바랍니다. 하나님은 그런 우리와 함께 우리를 통해 변함없이 하나님이 되어가십니다.

이처럼 비참한 현실을 살아가던 이가 부른 이름, 역동적인 사랑과 계획이 담긴 하나님의 이름 '에흐예 아쉐르 에흐예'입니다.

기도

'에흐예 아쉐르 에흐예', 이루어가시는 주 하나님.

초라한 일상 가운데 지친 발걸음으로 양 떼를 이끌던 모세에게 먼저 찾아와 알려주신 거룩한 이름을 마음 깊이 품어봅니다. 주님이 스스로 우리를 위해, 앞으로 영원히 하나님이 되어가겠다고 약속하신 위대한 은혜를 바라봅니다.

하나님이 그 이름 그대로 출애굽을 완성하시고, 바벨론 포로살이를 비롯해 이스라엘 백성이 겪은 온갖 고난 가운데 함께하셨음을 돌이켜 봅니다. 그 이름 그대로 예수님을 이 땅에 보내 십자가 죽음과 부활을 통해 하나님 나라를 온전히 이루셨음을 믿습니다.

그 믿음을 따라 제 자신을 돌아보게 하옵소서. 삶 가운데 엄습하는 시련에 좌절하지 않게 하옵소서. 참 사람이 되심을 통해 진정한 하나님 되심을 이룬 신비로운 구원의 길을 올바로 깨닫게 하옵소서. 옛날 이집트에서 노예살이하던 이스라엘처럼 고난받고 소외당하는 이들을 향해 나아가도록 부르시는 주님의 음성에 순종하며 살게 하옵소서.

한 아기로 이 땅에 오시고, 하나님의 무한한 권능을 십자가에서 드러내신 예수 그리스도의 이름으로 기도드립니다. 아멘.

3장 야훼 엘로헤켐

주 너희 하나님

너는 이스라엘 자손의 온 회중에게 말하여 이르라 너희는 거룩하라 이는 **나 여호와 너희 하나님**이 거룩함이니라(레 19:2).

그 이름은 광야를 헤매던 백성들에게 불어왔습니다.

인생길은 누구나 고단합니다. 방황의 연속입니다. 제 경우에는 신학대학원 졸업 후가 유독 그러했습니다. 한계를 절감했고 예상치 못한 시련이 이어졌습니다. 이 길을 계속 가야 할지 진지하게 고민했습니다. 학교에서도 마찬가지였습니다. 무모하게 곧바로 구약학 석사 과정에 진학했습니다. 히브리어 실력을 비롯해 여러모로 함량 미달이었습니다. 많이 후회했습니다. 매 수

업이 고통이었습니다. 무지함을 뼈아프게 실감했습니다.

그러나 동시에 은혜였습니다. 성경 원문을 좀 더 자세히 들여다보고, 집중적으로 말씀을 공부하며 말할 수 없는 위로를 얻었습니다. 광야를 헤쳐나갈 용기와 희망을 발견했습니다. 3학기에 수강한 '율법서 주석'이 결정적이었습니다. 레위기 19장을 중심으로 공부했습니다. 많은 면에서 연구하고 묵상할 가치가 있는 본문이었습니다. 그중에서도 십계명을 구체적으로 적용하는 방법을 제시한다는 점이 흥미로웠습니다.[24] 정리하면 다음 표와 같습니다.

계명	출애굽기 20장	레위기 19장
1계명(이방신 숭배 금지)	3절	4절
2계명(우상 숭배 금지)	4-6절	4절
3계명(하나님의 이름)	7절	12절
4계명(안식일 준수)	8-11절	3, 30절
5계명(부모 공경)	12절	3절
6계명(살인 금지)	13절	16절
7계명(간음 금지)	14절	20-22, 29절
8계명(도둑질 금지)	15절	11, 13, 35-36절
9계명(거짓 증거 금지)	16절	11, 16절
10계명(탐심 금지)	17절	9-10, 17-18절

레위기 19장은 십계명을 토대로 이스라엘의 실제 삶에 깊은 관심을 두고 있습니다. 더 나아가 레위기 '거룩 법전'(17-26장)의 핵심입니다. 그런 까닭에 '토라의 요약' 또는 '토라의 축소판'으로 불립니다.[25] 구약성경이라는 거대한 산맥 한가운데 솟아오른 위대한 봉우리입니다.

교수님은 레위기 19장을 매일 원문으로 묵상하고 깨달은 바를 정리해 학기말에 제출하는 과제를 내주었습니다. 어설픈 실력으로 구약 원전을 더듬더듬 읽었습니다. 그러다가 인상적인 히브리어 문장을 발견했습니다. 바로 '아니 아도나이(야훼) 엘로헤켐'(אֲנִי יְהוָה אֱלֹהֵיכֶם)입니다. 해당 구절을 개역개정 성경은 "나 여호와 너희 하나님"이라고 번역했습니다.

이 문장이 눈에 띈 이유는 단순합니다. 자주 등장하기 때문입니다. 무려 여덟 번입니다(2, 3, 4, 10, 25, 31, 34, 36절). 게다가 이를 축약한 '아니 아도나이(야훼)', 즉 "나는 여호와이니라"도 여덟 번 나옵니다(12, 14, 16, 18, 28, 30, 32, 37절). 둘을 합하면 전체 37절 중에 무려 열여섯 번입니다. 거의 두세 절에 한 번꼴입니다. 자주 나타날 뿐 아니라 각 세부 규정에 권위를 부여하는 종결 어구 기능을 합니다.[26] 결정적으로 이 문장이 서론인 2절과 결론부인 36절에 모두 등장합니다. 분명한 수미상응 구조입니다.[27] 게다가 여기서 십계명의 서론인 출애굽기 20장 2절을 인용합니다. 세 구절을 연달아 비교하면 다음과 같습니다.

나는 너를 애굽 땅, 종 되었던 집에서 인도하여 낸 **네 하나님 여호와**니라(출 20:2).

너는 이스라엘 자손의 온 회중에게 말하여 이르라 너희는 거룩하라 이는 **나 여호와 너희 하나님**이 거룩함이니라(레 19:2).

나는 너희를 인도하여 애굽 땅에서 나오게 한 **너희의 하나님 여호와**이니라(레 19:36b).

이를 통해 확인할 수 있듯, 레위기 19장 역시 출애굽 사건을 강조합니다. 주님이 구원의 하나님이심을 거듭 언급합니다. 그러면서 하나님의 또 다른 속성인 '거룩함'을 추가합니다. 이것은 곧 백성들이 따르고 닮아가야 할 성품입니다. "너희는 거룩하라"라고 명령하신 이유입니다.[28] 이러한 흐름 가운데 십계명을 계승 발전시켜 상세히 설명합니다. 거룩한 백성이 명심해야 할 삶의 기준이기 때문입니다.

하나님은 이러한 진리를 알리며 당신이 어떤 분인지 반복해서 말씀하십니다. 집요하게 느껴질 정도입니다. 그만큼 주님의 뜨거운 마음을 느낄 수 있습니다. 여기에 해당하는 히브리어 문장이 앞서 말한 '아니 아도나이 엘로헤켐'입니다. 이렇게 직역할 수 있습니다. "나 야훼는 너희 하나님이다."

하나씩 곱씹어보면 매우 의미심장합니다. 먼저 1인칭 주어 '나'(아니)가 나옵니다. 이어서 당신의 인격을 가리키는 이름인 '야훼'를 스스로 부릅니다. 사람들 사이에도 절대적인 권위를 지닌 누군가가 "나 아무개는…"이라고 말한다면 모두가 숨죽이고 귀 기울이기 마련입니다. 하물며 하나님이 "나 야훼는"이라고 엄숙하게 입을 여셨습니다. 자기 정체성에 대한 확고한 선언을 시작하시는 표현입니다. 그런 다음에 '너희 하나님'(엘로헤켐)이라고 말씀하셨습니다.

하나님 자신에 대한 이해가 가장 명확히 드러난 성경 구절입니다. 동시에 이 책에서 다룰, '야훼'에서 비롯된 하나님의 여러 이름 중 가장 중요한 이름 하나를 알려줍니다. 바로 '야훼 엘로헤켐', '주 너희 하나님'입니다. 레위기는 물론이고 성경 전체를 아우르는 복음의 근간입니다.

우리말 인칭대명사 '너희'에는 포근하고도 굳건한 힘이 있습니다. 국어사전은 그 말이 '친밀한 관계'임을 나타낸다고 정의합니다(표준국어대사전). 그런데 주님이 자신을 가리키며, 백성을 향해 '너희 하나님'이라고 선언하셨습니다. 뿐만 아니라 당신 스스로 놀랍도록 거듭해서 그 사실을 일깨워주셨습니다.

이러한 진리는 거친 여정을 걷는 하나님의 백성에게 커다란 위로를 안겨줍니다. 우리는 사막에 버려지지 않았습니다. 정처 없이 떠도는 방랑자가 아닙니다. 하나님의 드넓은 품에 안긴 나그네들입니다. 따라서 지금 자기 모습에 절망하지 말아야 합니다. 만유의 하나님이 뜻하신 계획은 사람의 그 어떤 좌절과 후회도 넘어서기 때문입니다.

그렇게 자기 백성을 품으시는 주님은 우리를 향해 "거룩하라"고 말씀하십니다. 거룩함은 하나님의 품에 안긴 사람들이 마땅히 지켜야 할 삶의 원칙입니다. 너무나도 중요한 신앙 덕목입니다. 동시에 그만큼 치명적인 오해를 받기도 합니다. 흔히 우리는 철저한 종교 생활 혹은 금욕적인 도덕성 자체를 거룩함이라고 여깁니다.

물론 완전히 틀린 것은 아닙니다. 어느 정도 사실입니다. 성결한 삶을 위해 열심히 기도하고 성경을 읽는 것은 어떤 면에서는 지극히 마땅합니다. 정결하기 위해 탐욕을 멀리하고 욕망을 절제하는 것은 매우 바람직합니다. 하지만 본질은 아닙니다. 자칫 보상 심리에 빠질 수 있습니다. 함부로 다른 사람을 판단하고 비난할 위험이 있습니다.

하나님은 우리를 구원하신 대가로 거룩함이라는 부채(負債)

를 안기신 게 아닙니다. 우리가 노예살이에서 벗어나 진정한 자유인으로 살기 원하십니다. 그 바람을 담아 우리에게 거룩함을 명하셨습니다. 하나님의 자녀들이 거룩하신 하나님을 닮아 점점 거룩해질 때, 광야를 헤쳐나갈 생명을 얻을 수 있기 때문입니다. 주님이 요구하시는 거룩함은 획일적인 정답을 가리키지 않습니다. 하나님은 광대하시고 우리의 삶은 복잡합니다. 진정한 거룩함 또한 단순하게 정의할 수 없습니다.

다만 레위기 19장을 통해 분명히 확인할 수 있는 진리가 있습니다. 진정한 거룩함은 일상에서 온전히 드러난다는 사실입니다. 그것은 약자 보호를 통해 구체화됩니다. "거룩한 처소에 계신 하나님은 고아의 아버지시며 과부의 재판장"이십니다(시 68:5). 그 주님은 십계명에 당신을 향한 네 가지 수직적인 계명만 제정하지 않으셨습니다. 사람들 사이에 지켜야 할 수평적인 여섯 가지 계명도 포함하셨습니다.

레위기 19장은 이러한 하나님의 마음을 더욱 구체적으로 드러냅니다. 추수할 곡식과 과일은 가난한 사람들을 위해 남겨둬야 합니다(9-10절). 이웃을 착취하거나 임금을 체불하지 말아야 합니다(13절). 장애인을 조롱하지 말고 보호해야 합니다(14절). 사회적 지위와 관계없이 공정하게 재판해야 합니다(15절). 노인을 공경해야 합니다(32절). 이러한 규정들은 결국 한 가지 명백하고도 위대한 진리로 모입니다. 바로 18절입니다.

> 원수를 갚지 말며 동포를 원망하지 말며 네 **이웃** 사랑하기를 **네 자신과 같이 사랑하라 나는 여호와이니라.**

이 말씀에서 중요한 것은 '이웃'의 범위입니다. 이와 관련해 33-34절을 주목할 필요가 있습니다.

> [33] **거류민**이 너희의 땅에 거류하여 함께 있거든 너희는 그를 학대하지 말고 [34] 너희와 함께 있는 **거류민**을 너희 중에서 낳은 자 같이 여기며 **자기같이 사랑하라** 너희도 애굽 땅에서 거류민이 되었었느니라 **나는 너희의 하나님 여호와이니라.**

34절도 18절과 마찬가지로 누군가를 "자기같이 사랑하라"고 말합니다. 핵심 주제를 표현하는 문장 형식이 일치합니다. 그러면서 거류민, 즉 이스라엘에 섞여 사는 이방인에게 이웃 사랑을 적용합니다. 이들은 구약성경에서 고아나 과부와 마찬가지로 대표적인 사회적 약자로 자주 언급됩니다. 여러모로 차별과 억압을 당하는 대상입니다. 레위기 19장은 그런 사람들이 포함된 이웃을 "네 자신과 같이 사랑하라"고 말합니다.[29]

얼핏 뻔하고 지겹게 들리기도 합니다. 그러나 아무리 단순한 진리라 할지라도 혼잡한 현실과 만날 때 묵직한 갈등을 안깁니다. 모순에 빠뜨립니다. 인생은 평면이 아니라 다면체입니다. 비장한 각오로 하나님의 뜻을 따르려고 할수록 머뭇거리는 자신을 발견하게 됩니다. 욕망 사이에서 혼란을 겪습니다.

하나님의 백성이 사랑해야 할 '거류민'은 단지 혈통이 다른 사람을 가리키지 않습니다. 오늘날에도 외국인 차별이 종종 일어납니다. 하물며 고대 유목민들에게 이방인은 철저한 경계 대상이었습니다. 특히 척박한 광야를 공유하며 부족 간에 대립과 증오가 만연했습니다. 서로 원수가 되기 쉬운 환경입니다. 사정상 그들 중 일부와 어울려 사는 경우도 있었지만 긴장감은 여전히 남아 있습니다. 선뜻 사랑하기에 몹시 조심스럽고 주저하게 되는 대상입니다.

레위기 19장 18절은 우리가 생각하는 이상으로 파격이 담긴 명령입니다. 누구나 거리끼는 대상이 있습니다. 사람이기에 당연한 일입니다. 내게 뿌리깊은 상처를 준 누군가가 있습니다. 혐오감이 일어나는 대상이 있습니다. 가까이하기 싫은 사람들입니다. 그들에게 온갖 분노를 내뱉고 싶습니다. 그런 우리에게 하나님이 명령하십니다. 그들도 네 이웃이라고, 그들 또한 사랑하라고 말씀하십니다. 그 말씀을 따르자니 버겁습니다. 심지어 잔인하기까지 합니다. 그러나 성경이 말하는 사랑은 가벼운 연민이 아닙니다. 달콤한 연정도 아닙니다. 평생 짊어져야 할 육중한 의무입니다. 무척 고단합니다.

그럼에도 명심해야 합니다. 그 불편하고 거추장스러운 사랑의 짐은 황량한 사막을 헤쳐 나갈 수 있는 생명의 통로입니다. 급류를 지날 때 물살에 떠내려가지 않기 위해 껴안는 바윗덩이와 흡사합니다. 주님이 자기 백성에게 요구하시는 사랑이 너무 이상적이거나 순진하게 느껴지기도 합니다. 이 거친 세상에서 원수를 포함해 모두를 사랑하라니 어리석어 보이기도 합니다.

따라서 반드시 명심해야 합니다. 자신을 '주 너희 하나님'이라고 부르신 주님이 몸소 그 사랑의 본을 보이셨습니다. 주님은 이스라엘이 어떤 상황에 놓이든 그들을 향한 사랑을 포기하지 않으셨습니다. 그들의 하나님으로 변함없이 당신을 드러내 보이셨습니다. 이와 관련해 예언자 에스겔을 주목해야 합니다. 에스겔서에서 '야훼 엘로헤켐'이 처음으로 등장하는 구절은 20장 5절입니다.

> 이르라 주 여호와께서 이같이 말씀하셨느니라 옛날에 내가 이스라엘을 택하고 야곱 집의 후예를 향하여 내 손을 들어 맹세

하고 애굽 땅에서 그들에게 나타나 맹세하여 이르기를 **나는 여호와 너희 하나님이라** 하였노라.

'출애굽'이라는 상황과 '너희 하나님'이라는 자기 선언이 레위기 19장과 일치합니다. 제사장이기도 한 에스겔은 하나님의 이름 '야훼 엘로헤켐'에 담긴 의미를 모세오경의 맥락에서 정확히 알고 있었습니다. 현재 이스라엘은 바벨론 포로로 잡혀와 있습니다. 에스겔은 그 상황의 원인이 되는 죄악에서 벗어나 말씀을 따르라고 이스라엘 백성에게 촉구하며 그 이름을 연달아 언급했습니다(겔 20:5, 7, 19, 20). 그리고 한참 뒤, 에스겔서의 결정적인 장면에 '야훼 엘로헤켐'이 다시 등장합니다. 바로 34장 28-31절입니다.

²⁸ 그들이 다시는 이방의 노략거리가 되지 아니하며 땅의 짐승들에게 잡아먹히지도 아니하고 평안히 거주하리니 놀랠 사람이 없으리라 ²⁹ 내가 그들을 위하여 파종할 좋은 땅을 일으키리니 그들이 다시는 그 땅에서 기근으로 멸망하지 아니할지며 다시는 여러 나라의 수치를 받지 아니할지라 ³⁰ 그들이 내가 여호와 그들의 하나님이며 그들과 함께 있는 줄을 알고 그들 곧 이스라엘 족속이 내 백성인 줄 알리라 주 여호와의 말씀이라 ³¹ 내

양 곧 내 초장의 양 너희는 사람이요 **나는 너희 하나님이라** 주 여호와의 말씀이니라.

에스겔 20장에서 예언자는 바벨론 포로민을 노략질당한 양 떼에 비유합니다. 그들의 비참한 상황을 생생하게 드러내는 표현입니다. 이스라엘은 단지 전쟁에 패배한 데 그치지 않았습니다. 하나님이 임재하셨던 예루살렘 성전이 바벨론 군대의 발 아래 무참히 짓밟히는 것을 목격했습니다. 백성들은 줄줄이 사로잡혀 멀고 낯선 타국의 포로 신세로 전락했습니다. 이스라엘이 이집트 노예살이 이후 경험한 가장 심각한 위기입니다.

겉으로 드러난 상황의 의미는 명확해 보입니다. 하나님과의 단절입니다. "나는 더 이상 너희 하나님이 아니다"라고 말씀하시는 것만 같습니다. 이스라엘은 도무지 주님의 사랑을 받을 자격이 없어 보입니다. 끝을 알 수 없는 아득한 절망이 그들을 휘감았습니다. 형언할 수 없는 수치심이 그들을 사로잡았습니다. 하지만 하나님은 그들에게 에스겔을 보내 일러주셨습니다. 이스라엘을 향한 변함없는 상황을 보이셨습니다. 당신이 여전히, 그리고 영원히 "주 너희 하나님"이라고 말씀하셨습니다.

그 말씀을 완전히 이루기 위해 예수님이 이 땅에 오셨습니다. 하나님 나라의 복음을 전하셨습니다. 성경 전체의 핵심을 명확하게 요약하셨습니다. 레위기 19장 18절을 인용하며 이웃 사랑을 말씀하셨습니다(마 5:43-44). 그 사랑을 십자가 위에서 몸소 완전하게 이루셨습니다. 진실로 우리 하나님이 되셨습니다. 사랑받을 자격이 없는 죄인을 위해 고난을 겪고 죽임을 당하셨습니다. 그리고 다시 살아나셨습니다.

이렇듯 주님이 모세를 통해 하신, "나 야훼는 너희 하나님이다"라는 선언에는 놀랍고 위대한 사랑이 담겨 있습니다. 하나님은 명확한 자기 이해를 성경 전체에 걸쳐 생생하게 보여주고 실현하셨습니다. 그러한 주님을 '우리 하나님'으로 믿는 이들이 지녀야 할 삶의 태도는 분명합니다. 바로 거룩함과 사랑입니다.

그리스도인은 사랑을 통해 진정한 거룩함을 이루어 하나님의 품에 안기는 사람들입니다. 그 과정은 몹시 고단합니다. 결코 쉽지 않습니다. 시련이 따릅니다. 하지만 주님이 우리 하나님이기에 그 모든 여정에 함께하심을 믿고 고백합니다. 그 길 끝에 맺힌 참 생명의 결실을 기대합니다.

이처럼 광야 길을 지친 발걸음으로 힘없이 걷는 이들을 다시 일으키시는 하나님의 이름 '야훼 엘로헤켐'입니다.

기도

'야훼 엘로헤켐', 우리 주 하나님.

 광야 길을 지나는 주님의 백성을 향해 "나 야훼는 너희 하나님이다"라고 거듭 외치시는 주님의 음성에 귀 기울입니다. 그 가운데 "거룩하라"고 명하시는 말씀을 마음에 새깁니다. 그 거룩함은 사랑을 통해 완성됨을 깨닫습니다.

 옹졸한 틀 안에서 사랑을 제한하는 저희의 어리석음을 불쌍히 여겨주옵소서. 예수님을 본받아 온전한 사랑을 품게 하옵소서. 특별히 사회의 관심에서 배제되고 소외된 이들을 위해 사랑을 실천하게 하옵소서. 그 사랑 가운데 하나님의 하나님 되심을 올바로 깨달으며 저희의 정체성을 새롭게 이해하게 하옵소서.

 십자가의 고통을 통해 우리 하나님 됨을 참으로 드러내신 예수 그리스도의 이름으로 기도드립니다. 아멘.

4장 야훼 이레

보시는 하나님

아브라함이 그 땅 이름을 **여호와 이레**라 하였으므로 오늘날까지 사람들이 이르기를 여호와의 산에서 준비되리라 하더라 (창 22:14).

그 이름은 번민 가운데 무거운 걸음을 내디뎠던 한 사람에게 불어왔습니다.

때로 어떤 만남은 세상 보는 눈을 전혀 달라지게 만듭니다. 저에게는 아들이 그랬습니다. 결혼하고 8년 만이었습니다. 감히 아브라함과 비교할 수는 없습니다. 하지만 애타는 기다림 끝에 소중한 생명을 품에 안았습니다. 이후 뉴스를 접할 때 뚜

렷한 변화가 생겼습니다. 아동 범죄에 더욱더 분노하게 되었습니다. 어린이를 향한 폭력의 반인륜성을 그전에도 당연히 알았습니다. 다만 사랑하는 아들을 통해 감각이 새롭게 되살아나는 경험을 했습니다.

성경을 읽을 때도 마찬가지입니다. 아들의 영롱한 눈망울을 들여다보다가 문득 경악하게 되는 성경 속 장면이 있습니다. 바로 아브라함이 모리아산에서 이삭을 바치는 모습입니다. 혹여 자식이 먼저 세상을 떠나는 슬픔도 감당하기 벅찹니다. 하물며 아들의 심장에 칼을 겨누는 아비의 심정은 도무지 상상하지 못할 고통입니다. 그래서 창세기 22장은 많은 사람을 혼란에 빠뜨립니다. "하나님이 어떻게 그러실 수 있는가?"를 묻게 합니다. 하나님의 선하신 성품에 의문을 품게 합니다. 언약하신 사랑과 모순인 것 같습니다. 그만큼 본문 속 주님의 요구가 잔인합니다.

그런데 과연 아브라함도 지금 우리처럼 충격을 받았을까요? 그리 단순한 문제가 아닙니다. 물론 아브라함 역시 무척 괴로워했을 것입니다. 지극히 자연스러운 감정입니다. 그러나 '우리처럼'은 아닐 수 있습니다. 이스라엘 주변의 고대 세계에서 신에게 장남을 바치는 인신 제사는 익숙한 관습이었기 때문입니다.

그 흔적을 성경에서도 쉽게 찾을 수 있습니다. 모세는 가나안의 가증한 악행 중 하나로 "자기들의 자녀를 불살라 그들의 신들에게" 드린 일을 지적합니다(신 12:31). 이스라엘도 마찬가지입니다. 사사 입다는 만약 암몬과 전투해서 승리한다면 자기를 집 문에서 맞이하는 사람을 번제물로 드리겠다고 서원했습니다(삿 11:31). 유다 왕 므낫세는 "힌놈의 아들 골짜기에서 아들들을 불 가운데 지나가게" 하여 주님을 진노하게 했습니다(대하 33:6).

어떻게 이런 끔찍한 일들이 일어났을까요? 고대 세계에서 제사는 일종의 거래입니다. 신에게 정성을 바친 만큼 보상을 기대했습니다. 자식은 한 개인과 나라의 중대사를 앞두고 막대한 대가를 바라며 바칠 만한 극상의 제물입니다. 물론 보편타당한 인권에 어긋납니다. 어떤 설명도 현대인의 충격을 완전히 해소할 수 없을 것입니다. 하지만 성경 속 옛 사람들에게는 그 비극 또한 삶의 일부였습니다.

아브라함도 그러했습니다. 하나님의 엄중한 명령을 도무지 거부할 수 없었습니다. 하지만 묵직한 이물감 하나가 그의 마음에 자리 잡았습니다. 바로 혼돈입니다. 아브라함은 당시에 이미 거대한 규모를 갖춘 풍요로운 도시, 갈대아 우르 출신이었습니다. 그 문명의 중심에는 다양한 종교가 있었습니다. 하지만 그는 야훼 하나님을 만나 과감히 고향을 떠나는 결단을 내렸습니다. 주님은 여느 거짓 우상들과는 전혀 다른, "옳고 바른"(창 18:19, 새번역) 참 하나님이시기 때문입니다.

아브라함은 하나님의 요구를 듣고 어쩌면 이렇게 중얼거렸을지도 모릅니다. '야훼도 다른 신들과 같구나.' 주님의 성품이 모호하게 생각되었을 것입니다. 거센 혼란이 내면을 덮쳤을 것입니다. 하나님의 얼굴이 흐릿하게 보였을 것입니다. 아브라함은 복잡한 마음으로 무거운 걸음을 내딛었습니다.

창세기 22장은 그가 모리아산으로 향하는 여정을 기록합니다. 그중에서 4절이 인상적입니다. 이 구절은 이렇게 다시 옮길 수 있습니다.

> **삼 일째 되는 날에** 아브라함이 **비로소 그의 눈을 들었다.** 그리고 멀리 있는 그곳을 바라보았다.[30]

여기서 '눈을 들었다'에 해당하는 히브리어 동사는 문법상 진행 중이 아닌, 과거의 '일회적 행동'을 뜻합니다. 같은 이유로 새번역과 공동번역 성경은 모두 이때를 가리켜 "사흘 만에"라고 옮겼습니다. 아브라함은 이삭을 번제로 바치기 위해 길을 떠나 사흘째 되는 날에 '비로소' 눈을 들었습니다. 이는 그의 내면을 가득 채운 갈등과 고통을 세심하게 암시하는 듯합니다. 물론 아브라함이 문자 그대로 내내 땅만 쳐다보지는 않았을 것입니다. 다만 하나님으로부터 시선을 회피했습니다. 침묵하며 힘없이 고개를 숙인 채 모리아산으로 향했습니다. 거부할 수도 납득할 수도 없는 명령에 대한 나름의 저항이었는지도 모릅니다.

마침내 목적지에 다다랐습니다. 아브라함은 말씀이 가리키는 곳을 바라보았습니다. 동행한 종들에게는 나귀와 함께 기다리라고 말합니다. 이제 그는 아들과 단둘이 산에 오릅니다. 그 모습을 6절은 이렇게 묘사합니다.

> 아브라함이 이에 **번제 나무**를 가져다가 그의 아들 이삭에게 지우고 자기는 **불과 칼**을 손에 들고 두 사람이 동행하더니.

여기에 세 가지 제사용품이 등장합니다. 번제 나무와 불과 칼입니다. 레위기 제사법에 따르면 번제는 단순히 제물을 태우는 것으로 그치지 않습니다. 제사장이 아니라 제사를 드리는 당사자가 칼로 제물을 조각내야 합니다(레 1:5-9). 따라서 아버지와 아들이 모리아산을 오르는 모습은 삶의 비극을 응집한 장면입니다. 아들은 아무것도 모른 채 자신을 불사를 나무를 어깨에 멨습니다. 아버지는 아들의 숨을 끊고 시신을 토막 낼 칼을 손에 들었습니다. 그뿐 아니라 제물로 바친 자식을 남김없이 태울 불씨를 챙겼습니다.

이때 이삭은 몇 살이었을까요? 주후 4-6세기 무렵 랍비들이 쓴 창세기 주석에 따르면 37세입니다.[31] 물론 정확하지는 않습니다. 다만 한 가지는 분명합니다. 이삭은 성인 남성의 시신을 완전히 태울 정도로 꽤 많은 양의 나뭇짐을 짊어질 만큼 장성했다는 사실입니다. 반면 아브라함은 기력이 쇠한 노인입니다. 이삭은 자기보다 나이 많은 아버지를 무시하며 얼마든지 마음대로 할 수 있었습니다. 하지만 그렇게 하지 않았습니다. 적극적으로 순종합니다. 그 결과 이삭은 이 사건의 또 다른 주요 인물로 등장합니다.

창세기 22장 7-8절은 두 사람이 나눈 슬픈 대화를 들려줍니다. 이삭이 부릅니다. "내 아버지여." 아브라함이 대답합니다. "내 아들아." 서로를 향한 호칭에서 많은 감정을 느낄 수 있습니다. 아브라함이 힘겹게 이삭의 아버지가 되기까지 펼쳐졌던 가슴 저린 이야기가 녹아 있습니다. 이삭이 아브라함의 아들로서 지닌 자부심과 신뢰가 스며 있습니다. 오랜 시간에 걸쳐 둘 사이에 가득 쌓인 추억이 담겨 있습니다. 이를 통해 창세기는 부자지간의 애틋한 정서를 더욱더 또렷하게 부각합니다.

그런 다음 이삭은 집에서 출발할 때부터 생긴 의문을 꺼냅니다. 아버지의 체면을 생각해 차마 종들 앞에서 묻지 못한 질문입니다.

불과 나무는 있거니와 번제할 어린 양은 어디 있나이까(창 22:7).

아브라함은 묵묵히 내딛던 걸음을 멈추고 생각에 잠겼습니다. 이제 더 이상 침묵할 수 없습니다. 그렇다고 해서 차가운 진실을 모두 말할 수도 없습니다. 그는 신음하듯 대답합니다.

내 아들아 번제할 어린 양은 하나님이 자기를 위하여 친히 **준비[이르에]**하시리라(창 22:8).

여기에 해당하는 히브리어 문장은 사실 해석하기가 모호합니다. 개역개정 성경은 "내 아들아"를 아버지가 아들을 부르는 호칭으로 이해했습니다. 여기에는 혹시나 주님이 제물을 준비하실 수 있다는 소망이 담겨 있습니다. 우리에게 가장 익숙한 번역입니다. 하지만 원문을 보면 "내 아들아"가 문장의 가장 마지막인 "번제할 어린 양"과 붙어 있습니다. 어순을 고려

하면 "하나님이 번제를 위한 어린 양으로 내 아들을 준비하실 것이다"라고 해석할 수도 있습니다. 두 가지 번역이 모두 가능합니다. 아브라함은 힘겨운 고뇌 끝에 일부러 모호하게 대답했을 것입니다.[32]

아브라함과 이삭은 마침내 하나님이 말씀하신 곳에 도착했습니다. 거기서 제단을 쌓습니다. 이삭이 지고 온 장작을 그 위에 벌여놓습니다. 그런 다음 아브라함이 아들을 결박합니다(9절). 여기서 '결박'으로 옮긴 히브리어는 '아케다'입니다. 이 단어는 창세기 22장에 기록된 '이삭의 번제 사건' 전체를 가리키는 별칭이 되었습니다.[33] 가장 상징적인 장면이기 때문입니다. 아버지는 주름진 떨리는 손으로 아들을 힘껏 묶으며 자기 마음 또한 꽁꽁 싸맵니다. 아들은 글썽이는 아버지의 눈망울을 애써 외면하며 도무지 이해할 길 없는 비극에 묵묵히 동참합니다. 상상만 해도 숨이 멎을 것 같습니다. 이 순간 두 사람은 인생의 거친 물살에 휩쓸려 이유 없이 고통당하는 모든 사람을 대표합니다.

비극은 절정으로 치닫습니다. 아브라함이 칼을 움켜쥡니다. 아들이 고통 없이 숨을 거두도록 미리 생각해두었던 급소를 노려봅니다. 이윽고 절규하며 칼을 내리꽂습니다. 그 순간, 하늘에서 천사가 황급히 그를 부릅니다. 하나님을 경외하여

'독자조차 아끼지 않은' 그의 행동을 칭찬합니다. 아브라함은 수풀에 뿔이 걸린 숫양을 발견했습니다. 아들 대신 그 숫양을 번제로 드립니다. 그때 이 모든 사건을 정리하는 주님의 이름이 등장합니다. 바로 '야훼 이레'(יְהוָה יִרְאֶה)입니다.

> 아브라함이 그 땅 이름을 여호와[야훼] **이레**[이르에, 능동태 미완료]라 하였으므로 오늘날까지 사람들이 이르기를 여호와의 산에서 **준비**[예라에, 수동태 미완료]되리라 하더라(창 22:14).

아브라함은 자기 인생에서 가장 결정적인 순간이 펼쳐진 그 땅의 이름을 가리켜 '야훼 이레'라고 불렀습니다. 이와 관련해 이스라엘 사람들은 '땅'을 하나님과 긴밀한 관계로 이해했다는 점을 유념해야 합니다. 그들은 땅을 주님의 다스림이 구현되는 공간으로 특별하게 여겼습니다. 아람 장군 나아만이 요단강에서 악성 피부병을 고치고 주님의 살아 계심을 고백한 후, 이스라엘의 흙을 가지고 돌아간 것도 비슷한 맥락입니다(왕하 5:17).[34] 그렇다면 '야훼 이레'는 단순히 특정한 자연 공간만의 이름이 아닙니다. 그 산에서 나타난 하나님의 성품이 고스란히 담겨 있는 이름입니다.

여기서 '이레'는 히브리어 '이르에'의 우리말 음역입니다. 한국 교회 교인들은 해당 구절 속 설명을 통해 그 뜻을 잘 알고 있습니다. 바로 '준비'입니다. '여호와 이레'를 자연스럽게 '예비하시는 주님'으로 받아들이는 이유입니다. 맥락상 자연스러운 번역입니다. 이삭을 대신해 제물로 바칠 숫양을 미리 마련하신 주님의 은혜를 잘 표현합니다. 앞서 살펴본 8절에 나오는 '이르에' 역시 '준비'로 번역되었습니다.

아쉬움이 들기는 합니다. 해당 히브리어 동사의 기본 의미는 '보다'이기 때문입니다. 따라서 14절에서 '야훼 이레(이르에)'는 '주님이 보신다'(the Lord sees)로, '준비'(예라에)는 '(주님이) 보이신다'(the Lord is seen)로 옮길 수 있습니다.[35] 하나님의 공급하심은 그 결과입니다. 그 전에 눈길이 먼저 있었습니다. 따라서 아브라함을 향한 주님의 시선을 마음에 품고 그 잔인한 시간을 돌이켜 봐야 합니다. 그래야 '야훼 이레'에 담긴 은혜를 더욱 온전히 마주할 수 있습니다.

하나님이 아브라함을 보셨습니다. 사랑하는 아들을 바치라는 도무지 납득할 수 없는 명령에 혼란스러워하는 그를 보셨습니다. 당신을 향한 실망감에 사무쳐 깊은 밤 장막 밖을 스산하게 서성이는 그를 보셨습니다. 불안한 눈동자로 의아하게 쳐다보는 사라를 애써 외면하며 이삭과 함께 길을 나서는 그를 보셨습니다. 고개를 푹 숙인 채 서늘한 침묵을 이겨내며 걸음을 옮기는 그를 보셨습니다. 이삭과 마지막일지 모르는 애틋한 대화를 떨리는 목소리로 나누는 그를 보셨습니다. 제단을 쌓고 나무 장작을 펼쳐 놓고 자기 자식을 묶는 그를 보셨습니다. 마침내 울부짖으며 이삭을 칼로 찌르려는 그를 보셨습니다. 그리고 하나님 당신을 보이셨습니다.

흔히 창세기 22장을 두고 아브라함의 초인적 믿음과 그에 대한 하나님의 보상으로 이해합니다. 물론 맞습니다. 틀리지 않습니다. 하지만 그런 시각은 자칫 믿음을 공로로 변질시킬 위험을 초래합니다. 이 이야기의 목적은 주님의 말씀에 철저히 복종하는 아브라함의 영웅적 의지를 보여주는 게 아닙니다. 하나님이 보시고, 보이시고, 필요한 무언가를 준비하신다는 복음을 깨우치는 것이 핵심입니다.

앞서 주님은 여느 우상들과 다를 바 없어 보였습니다. 그들의 명령과 그리 다르지 않은 것 같은 명령으로 아브라함을 혼란에 밀어넣었습니다. 하지만 고뇌의 한복판에서, 그 깊은 절망을 통해 눈부신 진리가 드러났습니다. 주님은 분명 그 우상들과 다르다는 사실을 단호하게 선언하십니다. 무고한 생명이 억울하게 피 흘리는 비극을 절대로 가만두고 보지 않는다는 진실을 또렷이 드러내 보이셨습니다. 그런 까닭에 '야훼 이레' 사건은 레위기 18장과 20장에 기록된 인신 제사 금지 명령으

로 자연스럽게 이어집니다.[36]

그럼에도 우리의 질문은 멈추지 않습니다. 하나님이 어떻게 그러실 수 있느냐고 여전히 따져 묻게 됩니다. 그러한 의문은 타당합니다. 그런 까닭에 '야훼 이레' 하나님의 구원은 모리아산에서 한 개인만을 향하지 않았음을 유념해야 합니다. 신비롭게도 훗날, 그 산 위에 성전이 세워졌습니다. 그곳에 주님이 영광 가운데 임재하셨습니다(대하 3:1, 7:1-3). 그리고 더 시간이 흘러 모리아산을 가까이 바라보는 해골 언덕에서 예수님이 십자가에 못박히셨습니다.

아브라함이 그러했듯 하나님이 당신의 아들을 나무에 결박하셨습니다. 아브라함과는 달리 아들의 완전한 죽음을 목격하셨습니다. 창세기 22장은 골고다에서 비로소 완성되었습니다. 그리고 부활을 통해 그 모든 절망과 혼돈을 넘어서는 생명의 은총을 온 세상에 보여주셨습니다.

하나님이 어려움에 부닥친 자녀의 필요를 채우기 위해 단지 '준비'하신다고 기대해서는 안 됩니다. 수풀에 뿔이 걸린 숫양을 예비하셨다는 결론으로 섣불리 달려가서도 안 됩니다. 그 대신 주님이 아브라함과 함께 걸으셨던 모든 과정을 차근히 마음에 담아야 합니다. '야훼 이레' 하나님이 아브라함과 이스라엘뿐 아니라 나의 하나님이심을 진심으로 고백해야 합니다. 나를 바라보시는 주님의 눈길을 발견해야 합니다.

하나님이 보십니다. 학대당한 어린아이의 창백하고 경직된 표정을 보십니다. 교실 구석에서 교복 소맷자락으로 남몰래 닦는 눈물을 보십니다. 오랜 꿈을 결국 포기하고 시큰한 가로등 불빛 아래를 힘없이 배회하는 걸음을 보십니다. 자녀의 영정을 부여잡고 짐승처럼 오열하는 모습을 보십니다. 부당하게 해고를 통보받고 집으로 돌아와 억지로 웃는 표정을 보십니다. 감당 못 할 빚에 허덕이며 신음하는 입가를 보십니다. 중환자실에 누워 섬뜩한 기계음에 움찔거리는 손끝을 보십니다. 그리고 하나님 당신을 보이십니다.

그렇게 나를 바라보시고 당신을 보이시는 하나님의 시선을 마주하길 바랍니다. 그 눈길로 말미암아 아브라함의 믿음을 닮아가게 됩니다. 우리를 참으로 살리시는 주님의 돌보심을 깨닫게 됩니다. 자녀를 위해 준비하신 진정한 은혜의 길을 발견하게 됩니다. 그러므로 이삭을 바치라는 명령을 들은 아브라함처럼 번민이 마음에 사무칠 때, 하나님의 이름 '야훼 이레'를 부르며 기도해야 합니다. 모든 혼란을 딛고 일어나 믿음의 여정을 꿋꿋이 이어 나가야 합니다. 그 길 끝에 우리를 위해 예비하신, 십자가와 부활을 통해 오롯이 드러난 참 생명이 풍성하게 흘러넘치기 때문입니다.

이처럼 삶의 혼란을 딛고 나아가는 이들에게 다가온 이름, 하나님의 눈물겨운 사랑이 담긴 이름 '야훼 이레'입니다.

기도

'야훼 이레', 보시는 주 하나님.

아브라함의 번민을 발견합니다. 그를 덮친 깊은 슬픔과 아픔을 들여다봅니다. 너무나 무겁고 힘겹게 모리아산으로 향했을 그의 걸음을 지켜봅니다. 사랑하는 아들을 결박하고 칼을 겨누며 무너졌을 마음을 헤아려봅니다. 하지만 주님이 그 모든 일을 보고 계셨음을 믿습니다. 그리고 끝내 당신을 보이시고 은혜를 예비해주신 사랑을 기억합니다. 이 모든 생명의 진리를 담은 하나님의 이름 '야훼 이레'를 가만히 불러봅니다.

그 거룩한 주님의 이름을 부르며 아브라함의 믿음을 닮아가길 소망합니다. 참된 순종을 통해 온전한 믿음의 본을 보인 아브라함의 삶을 마음에 새기길 원합니다. 아브라함과 더불어 하나님의 구원을 올바로 깨닫고 전하는 믿음의 자녀로 살아가게 하옵소서.

세상의 모든 결박과 죽음을 이기고 부활 생명을 이루신 예수 그리스도의 이름으로 기도드립니다. 아멘.

5장 야훼 닛시

나의 깃발이신 하나님

> 모세가 제단을 쌓고 그 이름을 **여호와 닛시**라 하고(출 17:15).

그 이름은 치열한 전쟁을 이겨낸 공동체에게 불어왔습니다.

'여호와 닛시'라는 말을 듣는 순간 자연스럽게 연상되는 단어가 있습니다. 바로 '승리'입니다. 물론 틀린 건 아닙니다. 이날 하나님은 분명 승리하셨고 승리하게 하셨습니다. 잘못된 것도 아닙니다. 전쟁 같은 하루하루를 살아가는 이들이 주님의 승리를 소망하는 것은 당연합니다. 하지만 곧바로 승리라는 결론으로 향하지 말아야 합니다. '야훼 닛시'(יהוה נִסִּי)에 이르기까지 그 과정과 의미를 출애굽기 17장 8-16절 본문을 통해 차근히 묵상해야 합니다.

그 전투는 출애굽 직후 펼쳐진 상황 중 일부입니다. 수백 년에 걸친 노예 생활이 마침내 끝났습니다. 거대한 이집트 제국이 열 가지 재앙에 속수무책으로 무너졌습니다. 파라오의 정예 부대가 홍해에 수몰되었습니다. 이스라엘은 그 은혜로운 현장에서 경이로움을 느꼈습니다. 하지만 구원은 마냥 달콤하지는 않았습니다. 감동은 짧았습니다. 현실은 힘겨웠습니다. 꿈같은 순간이 항상 펼쳐지지는 않았습니다. 이후로 이스라엘은 마라의 쓴물(출 15:22-27)과 굶주림(16장), 목마름(17:1-7)을 겪었습니다.

이제 고난의 양상이 완전히 달라집니다. 전쟁입니다. 그전에는 '죽을 것 같은' 고통이었습니다. 앞서 그들을 몰살하려고 추격해온 이집트 군대를 마주하기는 했습니다. 하지만 칼을 꺼낼 필요는 없었습니다. 심한 배고픔과 타는 갈증을 겪기는 했습니다. 하지만 아슬아슬하게 문제를 해결했습니다. 그런데 이번에는 실제로 죽을 위기에 처합니다. 출애굽 이후, 이스라엘의 첫 번째 전투입니다.

충분히 예상한 일입니다. 이스라엘은 길을 나설 때 이집트 사람들에게 상당한 귀금속과 옷을 받았습니다(출 12:35-36). 그 소식은 주변 나라들에 금세 퍼졌습니다. 그들은 고된 여정에 지친 이스라엘을 노략질할 순간을 노렸습니다. 특히나 척박한 시내광야에 살던 민족에게는 절호의 기회였습니다. 이스라엘도 가만히 있을 수 없었습니다. 언제 닥쳐올지 모를 적의 공격을 긴장하며 준비했습니다. 마침 모세는 과거, 거대한 제국의 궁궐에서 지도자 교육을 받았습니다. 그는 광야에 들어서서 이스라엘 성인 남성들을 불러 모아 전투 훈련을 시켰을 것입니다. 이집트 군대가 그러했듯 깃발 신호로 대열을 갖추고 무기 휘두르는 연습을 했을 것입니다.

그러나 훈련은 훈련일 뿐입니다. 전쟁은 인간이 경험하는 가장 야만적인 순간입니다. 르비딤을 지날 때였습니다. 저 멀리서 먼지구름이 사납게 떠오릅니다. 말발굽 소리가 거센 함성과 함께 기괴한 불협화음을 일으킵니다. 섬뜩한 진동이 발끝을 타고 온몸으로 전해집니다. 아말렉 군대입니다. 달려드는 그들을 보니 심장이 요동칩니다. 실전은 처음입니다. 두려움이 엄습합니다. 훈련한 대로 몸이 움직일는지 자신 없습니다.

그때, 이스라엘 백성 중 누구보다 막중한 책임을 떠안은 사람이 있습니다. 바로 모세입니다. 그는 냉철하게 판단을 내립니다. 역할을 분담합니다. 여호수아에게 군사 지휘를 위임합니다. 여호수아가 성경에서 처음 등장하는 장면입니다. 그는 훗날 모세의 뒤를 이어 이스라엘을 이끌고 출애굽을 완수합니다. 게

다가 모세오경 바로 뒤에 있는, 자기 이름을 딴 성경을 남길 정도로 매우 중요한 인물입니다.

그런데 흥미롭게도 여호수아에 대한 아무런 소개가 없습니다. 본래 모세 곁에 있어야 하는 인물인 것처럼 불쑥 나타납니다. 당연한 듯 담담하게 그를 서술합니다. 여호수아는 모세를 대신해 자연스럽게 군대를 이끕니다.[37] 이는 평소 모세가 발휘해 온 지도력의 단면을 보여줍니다. 그는 독선과 아집에 빠진 폭군이 아니었습니다. 권력을 독점하지 않았습니다. 자신도 군사적 재능이 있습니다. 그럼에도 일찌감치 군지휘관으로 여호수아를 낙점하고 그에게 훈련을 맡겼습니다. 결정적인 순간에 과감히 권한을 넘깁니다.

고대 세계에서 전쟁은 단순히 군대와 군대의 대결이 아닙니다. 신과 신의 싸움입니다. 옛 사람들은 강한 신의 백성이 약한 신의 백성을 전쟁에서 이긴다고 믿었습니다. 따라서 출애굽 이후 광야에서 처음으로 치르는 이방 민족과의 전투는 여러 모로 의미심장합니다.

이스라엘로서는 하나님의 능력을 본격적으로 확인하는 순간입니다. 물론 주님이 이집트 신들을 제압하시는 놀라운 권능은 이미 목격했습니다. 하지만 그것은 이제 과거의 일일 뿐입니다. 게다가 상대가 바뀌었습니다. 어쩌면 야훼가 아말렉

신보다 약할지도 모릅니다. 그들은 지금 당장 목숨을 걸고 창과 칼을 움켜쥔 상황에서 다시금 하나님의 능력을 확인해야 합니다. 그래서 모세는 자기에게 맡겨진 또 다른, 어쩌면 더 중요한 전투 현장으로 향합니다. 바로 산꼭대기입니다. 온 이스라엘 사람들이 그를 한눈에 바라볼 수 있는 자리입니다. 하나님이 모세를 통해 이루실 놀라운 구원을 확연히 드러내는 공간입니다.

이때 모세의 손에는 "하나님의 지팡이"(출 17:9)가 들려 있습니다. 그에게 지팡이는 각별합니다. 지금까지 그가 지나온 삶이 거기에 응축되어 있습니다. 하나님의 부르심이 고스란히 담겨 있습니다. 모세는 이집트에서 미디안으로 도망쳐 나와 살면서 장인 이드로의 양 떼 치는 일을 했습니다. 매우 역설적인 상황입니다. 이집트 사람들은 본래 목축업을 꺼렸습니다(창 46:34). 최상류층이었던 그가 비참한 신세가 되었습니다. 지팡이는 그의 세속적 몰락을 가장 극명하게 드러내는 상징입니다.

하지만 하나님은 그 초라한 지팡이를 권능의 도구로 사용하셨습니다. 주님은 출애굽 소명을 주저하는 모세에게 이렇게 물으십니다. "네 손에 있는 것이 무엇이냐?" 모세가 답합니다. "지팡이니이다"(출 4:2). 하나님은 모세에게 그 지팡이를 땅에 던지라고 명하셨고, 그것이 뱀이 되게 하셨습니다. 뱀 꼬리를 잡았더니 뱀이 다시 지팡이가 되는 이적을 경험하게 하셨습니다. 그럼에도 모세는 소명을 한사코 거부합니다. 이때 하나님은 모든 실랑이를 마무리하며 이렇게 말씀하십니다.

> 너는 이 **지팡이**를 손에 잡고 이것으로 이적을 행할지니라(출 4:17).

결국 모세는 아내와 아들들을 나귀에 태워 이집트로 돌아갑니다. 그때 하나님의 지팡이를 움켜쥐었습니다(출 4:20). 주님이 약속하신 대로 그 지팡이는 파라오의 눈앞에서 뱀으로 변해 이집트 요술사들이 만든 뱀을 삼켰습니다(출 7:10-12). 그뿐이 아닙니다. 열 가지 재앙 중 다섯 가지 재앙에 하나님의 지팡이가 등장합니다(출 7:20, 8:5, 16, 9:23, 10:13). 결정적으로 홍해가 갈라질 때, 모세의 손에 들렸습니다(출 14:16).

르비딤에서도 모세가 그 지팡이를 들고 산꼭대기로 오릅니다. "하나님의 지팡이"라는 별칭이 이집트를 떠나 처음으로 다시 불립니다(출 17:9). 모세의 마음은 어땠을까요? 부담감으로 가득했을 것입니다. 산 아래에는 자신을 따라 광야로 나온 백성이 아말렉 군대와 일전을 벌이고 있습니다. 그들의 함성과 비명이 뒤섞이고 삶과 죽음의 경계가 무너집니다.

모세는 그 모든 혼돈을 헤치고 비참한 현실을 넘어 지팡이를 치켜들었습니다. 그 순간 놀라운 일이 일어납니다. 이스라엘 군대가 승기를 잡기 시작합니다. 아말렉 군대를 강력하게 제압합니다. 하지만 모세는 지팡이를 계속 들고 있을 수 없었습니다. 곧 피로를 느꼈습니다. 두 팔이 부들거렸습니다. 차츰 팔이 내려오기 시작합니다. 그러자 산 아래서 싸우는 이스라엘의 기세도 조금씩 꺾였습니다.

동행했던 아론과 훌이 이 상황을 목격했습니다. 두 사람은 무슨 일을 해야 할지 금세 깨달았습니다. 우선 돌을 가져와 모세가 그 위에 편히 앉게 했습니다. 그리고 양쪽에서 각각 모세의 팔을 하나씩 붙잡아 올렸습니다. 덕분에 모세는 해가 질 때까지 양팔을 치켜들 수 있었습니다. 하나님의 지팡이를 계속해서 드높이 올릴 수 있었습니다. 마침내 이스라엘 군대가 승리했습니다.

이 사건을 과연 어떻게 이해해야 할까요? 여기에는 오해의 소지가 많지만 크게 두 가지에 유의해야 합니다. 우선, 이날 모세의 행동을 주술적으로 봐서는 안 됩니다. 오랫동안 손 들고 기도하는 게 그렇지 않은 것보다 더 효력이 있다고 생각하는 건 무척 위험한 착각입니다. 다음으로, 모세의 손에 들린 지팡이를 마법 도구로 여겨서는 안 됩니다. 지팡이 자체에 신비로운 능력이 있는 게 아닙니다. 하나님이 그 지팡이를 사용하셨을 뿐입니다. 출애굽 여정 가운데 결정적인 순간마다 구원의 상징으로 드러내셨습니다.

본질은 하나님께 있습니다. 위대한 지도자의 강력한 지도력 혹은 신비로운 물건의 역할은 곁가지에 불과합니다. 이날 전쟁터에서 하나님이 무슨 일을 하셨는지, 그 일을 통해 백성들에게 확고하게 알려주신 진리가 무엇인지 알아야 합니다. 그 진리가 오늘을 살아가는 우리에게 어떤 의미가 있는지 묵상해야 합니다. 그 답을 알려면 여기에 등장하는 하나님의 이름을 주목해야 합니다.

> 모세가 제단을 쌓고 그 이름을 **여호와 닛시**라 하고(출 17:15).

모세는 아말렉과 싸워 감격스러운 승리를 거둔 후 제단을 쌓고 예배했습니다. 그런 다음 '야훼 닛시'라는 주님의 이름을 부릅니다(출 17:15). 여기서 '닛시'는 '나의 깃발'이라는 뜻입니다. 이날 모세는 하나님을 향해 '주님은 나의 깃발'이라고 불렀습니다. 얼핏 생각하면 뜬금없습니다. 이제까지 본문 어디에도 깃발은 등장하지 않았습니다. '주님은 나의 지팡이'라고 고백하는 게 오히려 자연스러울지 모릅니다. 하지만 그때 이스라엘 군대에게 깃발은 구태여 설명할 필요 없는 친숙한 대상임을 유념해야 합니다. 모세 곁에 불쑥 등장한 군사령관 여호수아와 흡사합니다. 깃발은 그 당시 전쟁에서 전술에 따라 군대를 일사불란하게 움직이는 데 없어서는 안 되는 중요한 도구였기 때문입니다.

마구잡이로 싸우던 원시 시대가 아닙니다. 그렇다고 현대처럼 고도로 발달된 통신 장비는 없었습니다. 대신 사전에 훈련한 대로 나팔 소리와 함께 깃발을 높이 흔들면 그에 따라 군대가 기민하게 움직였습니다. 또한 전열을 갖추기 위해 집결하는 장소를 깃발로 표시했습니다. 혼란한 전투 상황 속에서 결정적인 순간마다 병사들이 응시해야 할 대상이 깃발입니다. 그 깃발에 자기 목숨이 걸려 있습니다. 또한 깃발을 통해 마침내 살아남아 승리했음을 확인합니다.

마찬가지로 그날 르비딤에서도 하나님이 이스라엘의 깃발이 되어주셨습니다. 참혹한 삶의 현실에서 오직 주님만이 우리가 바라보아야 할 존재임을 명확히 알려주셨습니다. 주님만이 시야를 어지럽히는 혼란 속에서 시선을 고정할 대상임을 일깨워주셨습니다. 이러한 진리는 이어지는 16절에서 더욱 선명하게 드러납니다.

이르되 여호와께서 맹세하시기를 여호와가 아말렉과 더불어 대대로 싸우리라 하셨다 하였더라.

모세는 감격스러운 전투를 치른 그곳에서 왜 '야훼 닛시'라는 하나님의 이름을 불렀는지 설명합니다. 이 구절에서 개역개정 성경이 "여호와께서 맹세하시기를"이라고 번역한 구약 원문이 모호합니다. 정확한 의미를 파악하기 어렵습니다. 해당 어구를 직역하면 '주님의 **보좌**를 향해 손을 들었으니'라고 옮길 수 있습니다. 이날 산꼭대기에서 모세가 한 행동을 연상케 합니다. 그런데 '보좌'에 해당하는 히브리어 단어 가운데 자음 하나를 바꾸면 발음은 그대로지만 '군기'(軍旗)를 뜻하게 됩니다. 즉 '주님의 **깃발**을 향해 손을 들었으니'라고 번역할 여지도 있습니다. 그런 까닭에 새번역과 공동번역 성경은 이를 각각 "깃발"과 "사령기"로 옮겼습니다.

두 해석에 대해서는 다양한 견해 차이가 있습니다. 양자택일할 문제가 아니어서 두 경우를 모두 충분히 고려해볼 수 있습니다. '보좌'와 '깃발' 모두 하나님의 임재를 가리키기 때문입니다. 주님은 보좌 위에 계시며 깃발처럼 당신의 자녀들이 나아갈 길을 알려주시는 분입니다. 그 결과 하나님은 "아말렉과 더불어 대대로 싸우"십니다.

여기서 우리가 주목할 중요한 사실이 있습니다. 주님은 성급하게 승리를 먼저 내세우지 않으십니다. 물론 하나님의 보좌와 깃발은 승리로 귀결됩니다. 게다가 하나님이 함께 싸우시니 더욱더 그러합니다. 그 무엇도 이 사실 자체를 부정할 수 없습니다. 하지만 성경은 미묘하게 다른 곳에 강조점을 둡니다. 사람들이 욕망하는 '승리'라는 결론을 앞세우지 않습니다. 대신에 적과 맞부딪혀 치열하게 싸우는 현실과 직면하게 합니다. 전쟁 같은 삶에서 쉽게 물러서지 말라고 이릅니다. 다만 그곳에서 하나님의 깃발을 올려다보라고 말합니다.

별것 아닌 차이로 보일 수 있습니다. 그러나 곱씹어볼수록 중요한 진리를 깨닫게 됩니다. 모두가 승리를 꿈꿉니다. 누구나 인생에서 치열한 경쟁을 벌이고 권모술수에 맞서는 일상을 살아갑니다. 말 그대로 전쟁입니다. 총과 칼을 안 들었을 뿐입니다. 그렇기에 승리를 쟁취하고, 화려한 전리품을 바랍니다. 지극히 자연스러운 욕망입니다.

그러나 주님은 자기 백성을 삶의 전쟁에서 곧바로 구해내지 않으십니다. 곧바로 승전보를 띄우지 않으십니다. 어찌 보면 잔인하고 몹시 서운하게 느껴집니다. 우리가 적의 칼날에 베이고 아파하는 데 무관심하신 것 같기 때문입니다. 선뜻 받아들이기 힘들겠지만 인정해야 합니다. 하나님의 자녀들도 패배할 수 있습니다. 그것이 사실입니다. 심지어 악인들이 압도적으로 승리를 거두기도 합니다. 이 역시 분명한 현실입니다. 그렇기에 '야훼 닛시'라는 하나님의 이름은 위대합니다. 사람들이 생각하는 승리가 진정한 승리가 아님을 일깨웁니다. 사람들이 판단하는 패배가 참된 패배와 다름을 깨우쳐줍니다.

핵심은 '하나님의 임재'입니다. 피와 땀이 뒤섞인 저마다의 전쟁터에서 하나님이 함께하신다는 진리입니다. 거기서 더불어 싸워주신다는 믿음입니다. 지금 당장은 패배자로 굴욕을 겪으며 고통에 몸서리칠지 모릅니다. 그럼에도 주님의 깃발을 바라본다면, 우리가 전투를 벌이는 목적이 자기 야욕이 아니라 하나님 나라에 있다면, 마침내 온전한 승리를 거둔다는 복음을 신뢰해야 합니다.

그러므로 예수 그리스도의 십자가는 우리가 진정 바라보아야 할 깃발입니다. 십자가는 로마 제국이 반란범을 매달았던 사형틀입니다. 게다가 당시 유대인들은 율법에 따라 "나무에 달린 자는 하나님께 저주를 받았[다]"고 판단했습니다(신 21:23). 한마디로 십자가는 패배의 상징입니다. 십자가에 달리신 예수님은 누가 봐도 비참한 패배자로 보입니다.

그렇지만 주님은 죽음을 이기고 다시 살아나셨습니다. 부활은 사람들이 생각했던 십자가의 의미를 정반대로 뒤집었습니다. 승리와 패배의 기준을 새롭게 제시했습니다. 세상의 눈으로 보면 예수님은 처참하게 지고 말았습니다. 하지만 그렇기에 참으로 이기셨습니다. 사람들을 짓밟고 오르지 않으셨습니다. 당신의 억울함을 호소하지 않으셨습니다. 묵묵히 죽음을 향해 걸어가셨습니다. 그 결과 모든 사람을 살리는, 가장 위대한 구원의 기쁜 소식을 완성하셨습니다.

이와 관련해 눈여겨볼 요한계시록의 한 장면이 있습니다. 사도 요한은 "보좌에 앉으신 이", 즉 온 우주를 통치하시는 하나님을 보았습니다. 그분의 오른손에는 역사 계획이 담긴 두루마리가 있었습니다. 하지만 그것을 펴서 볼 사람이 없었습니다. 달리 말하면 하나님의 구원을 펼쳐 드러낼 이가 없었습니다. 이것은 당시 고난받는 교회들, 거듭되는 삶의 패배 속에서 신음하는 성도들에게는 절망적인 소식입니다. 그런 까닭에 요한은 슬피 울었습니다.

그러자 보좌 곁에 있던 장로 중 한 사람이 요한을 위로합니다. 그 두루마리의 일곱 인을 떼실 분이 있다고 알려줍니다. 그 적임자를 이렇게 소개합니다. "유대 지파의 사자 다윗의 뿌리가 이겼으니"(계 5:5). 여기에 쓰인 표현은 모두 승리를 상징합니다. 유대 지파는 남유다에서 최대 규모와 영향력을 가진 지파입니다. 다윗은 이스라엘 역사상 최고의 군주입니다. 게다가 사자라는 용맹한 동물로 그를 형용합니다. 결정적으로 그가 "이겼으니"라며 승리를 명확하게 알려줍니다. 우리는 자연스럽게 근육질 용사가 화려하게 등장하는 다음 장면을 기대하게 됩니다.

그러나 다음 절에서 반전이 일어납니다. "죽임 당한 어린 양"(계 5:6)이 나옵니다. 바로 십자가에서 죽으신 예수님입니다. 계시록은 죽임 당하신 주님의 패배가 역사상 가장 아름답고 위대한 승리임을 역설적으로 알려줍니다. 이를 통해 십자가와 부활의 복음이 얼마나 놀라운 구원인지 깨우쳐줍니다. 주님과 동행하는 것 자체가 승리임을 깨닫게 하십니다.

'야훼 닛시' 하나님은 전쟁 같은 하루하루를 살아가는 우리와 신실하게 함께하십니다. 때때로 패배의 쓴잔을 마시는 우리를 위로하십니다. 고된 전투에 지쳐 쓰러진 우리를 일으켜 세우십니다. 고개를 들어 주님의 깃발을 바라보게 하십니다. 십자가에 달리신 주님을 응시하라고 말씀하십니다. 그 말씀을 따라 무엇이 참된 승리인지 깨닫고 이루어가길 소망합니다.

이처럼 저마다의 전쟁으로 분투하는 이들에게 주시는 하나님의 이름 '야훼 닛시'입니다.

기도

'야훼 닛시', 나의 깃발이신 주 하나님.

주님의 자녀라고 해서 광야를 비켜갈 수 없습니다. 전쟁을 피할 수 없습니다. 패배에서 벗어날 수 없습니다. 이런 현실이 쓰라립니다. 비참합니다. 아픕니다. 하지만 그 모든 치열한 전쟁터에서 주님이 함께하심을 고백합니다. 눈앞에 보이는 결과와 무관하게 우리를 이미 진정한 승리의 길로 이끄셨음을 믿습니다.

그 믿음을 따라 행군하게 하옵소서. 경쟁에서 밀려난 이들을 보듬고 역사의 비극에 희생당한 이들을 품게 하옵소서. 어리석은 승리의 허상을 물리치고 진리 가운데 진정한 승리를 이루며 살아가게 하옵소서.

십자가에서 구원의 깃발을 펼쳐 보이신 예수 그리스도의 이름으로 기도드립니다. 아멘.

6장 야훼 샬롬

온전하게 하시는 하나님

기드온이 여호와를 위하여 거기서 제단을 쌓고 그것을 **여호와 샬롬**이라 하였더라(삿 6:24a).

그 이름은 무너진 일상을 살아가던 한 사람에게 불어왔습니다. 이스라엘은 전쟁 중입니다. 정확히는 침략당하고 있습니다. 가혹한 수탈이 계속됩니다. 미디안이 "온 땅을 황폐하게" 만들었습니다(삿 6:4-5, 새번역). 이러한 거친 현실 가운데 한 사내가 포도주 틀 안에 숨어 있습니다. 그의 이름은 기드온입니다. 전쟁 중에도 삶은 이어집니다. 살아남기 위해서는 먹어야 합니다. 먹을 걸 구하려면 무엇이든 해야 합니다. 그래서 눈에 띄지 않게 좁고 어둡고 습한 포도주 틀 안에 숨어들었습니다. 그곳에서 웅크린 채 밀 이삭을 몰래 타작합니다. 비참하지만 숭고한 장면입니다. 삶의 모순이 고스란히 녹아 있습니다. 바로 그곳에서 기드온은 그의 생애에서 가장 결정적인 만남을 경험합니다.

천사가 나타났습니다. 그를 이렇게 부릅니다. "힘센 장사야"(삿 6:12, 새번역). 비웃고 놀리는 것처럼 들렸을지도 모릅니다. 그는 지금 무력하기 짝이 없기 때문입니다. '힘센 장사'라는 호칭과 전혀 어울리지 않습니다. 천사의 결정적인 선언이 이어집니다. "주님께서 너와 함께 계신다." 성경 전체가 한결같이 증언하는 복음입니다. 하지만 아무리 고결한 진리도 때로 누군가에게는 날 선 칼처럼 다가올 수 있습니다. 아프고 지치는 시간을 보내는 사람에게는 더욱 그러합니다.

그 칼끝이 기드온의 내면에 파문을 일으켰습니다. 영혼에 거센 소용돌이를 불러왔습니다. 그 결과 그는 대담한 행동을 합니다. 바로 '질문'입니다. 이때 기드온이 말한 첫 마디를 새번역과 공동번역 성경은 각각 이렇게 옮깁니다. "감히 여쭙습니다만"(새번역). "외람된 말씀입니다만"(공동번역).

의도를 충분히 이해할 수 있습니다. 질문이란 기본적으로 강자가 지닌 권한입니다. 약자는 강자가 허락할 때 질문할 수 있습니다. 질문은 곧 대답을 요구합니다. 상대방의 반응을 끌어냅니다. 그래서 때로는 권위자를 불쾌하게 합니다. 폭군이 질문을 싫어하는 근본적인 이유입니다. 기드온도 알았을 것입니다. 게다가 그 대상은 하나님입니다. 영혼 한쪽에서 무언가가 그를 만류했을지도 모릅니다. 하지만 그는 끝내 울분을 터뜨렸습니다. 천사를 통해 주님께 이렇게 질문합니다.

> 감히 여쭙습니다만, 주님께서 우리와 함께 계신다면, 어째서 우리가 이 모든 어려움을 겪습니까? 우리 조상이 우리에게, 주님께서 놀라운 기적을 일으키시어 우리 백성을 이집트에서 인도해 내셨다고 말하였는데, 그 모든 기적들이 다 어디에 있단 말입니까? 지금은 주님께서 우리를 버리시기까지 하셔서, 우리가 미디안 사람의 손아귀에 넘어가고 말았습니다(삿 6:13, 새번역).

한 마디 한 마디가 매섭습니다. 오랜 고뇌가 빼곡히 들어차 있습니다. 그 사이로 씩씩거리며 들썩이는 어깨, 글썽이는 눈망울이 보이는 것만 같습니다. 이 모두를 한 단어로 정리할 수 있습니다. '반문'(反問)입니다. "정말 주님이 우리와 함께하십니까?"라고 되묻는 절규입니다. 전쟁은 짐승의 시간입니다. 악독한 폭력에 의해 땅은 피로 흥건해집니다. 사사기가 더 자세히 기록하지는 않았습니다. 하지만 그때 벌어졌을 온갖 참극을 충분히 짐작할 수 있습니다.

절망은 조상들에게 물려받은 신앙 때문에 오히려 더 깊어집니다. 출애굽은 곧 이스라엘의 정체성 그 자체입니다. 휘황찬란한 이집트 우상들을 굴복시킨 하나님, 기세등등한 파라오 군대를 궤멸시킨 하나님, 바다를 열어 자기 백성을 건너게 하신 하나님…. 이스라엘 아이들은 눈을 초롱초롱하게 뜨고서 그런 하나님 이야기를 부모에게 전해 들었습니다.

기드온도 그러했습니다. 미디안은 이집트와 비교하면 훨씬 작고 약합니다. 하나님이 그들을 너끈히 물리치시리라고 기대했을 것입니다. 하지만 희망은 금세 꺾였습니다. 원망과 울분으로 변했습니다. 기드온은 이렇게 항변합니다. "지금은 야훼께서 우리를 버리셨습니다"(삿 16:13, 공동번역). '주님이 함께하심'을 온몸으로 부인하는 외침입니다.

기드온과 온 이스라엘을 덮친 재앙은 두 가지 차원에서 볼 수 있습니다. 외부적으로는 미디안이 벌인 침략입니다. 참혹한 착취입니다. 끔찍한 살육입니다. 그런데 또 다른 고통이 그들을 덮쳤습니다. 바로 하나님께 느낀 배신감입니다. 내면에서 일어났습니다. 당장 눈에 보이지는 않지만 더 깊고 아프고 오래가는 상처를 남겼습니다. 그들은 뿌리깊은 절망에 빠졌습니다.

그러나 역설적으로 여기서 기독교 신앙의 위대함이 드러납니다. 성경은 우리에게 맹종을 강요하지 않습니다. 하나님은 인간의 감정을 짓밟지 않으십니다. 세상살이의 고단함을 외면하지 않으십니다. 신음이 새어 나오는 입을 틀어막지 않으십니다. 거침없이 따져 묻는 고함에 귀를 기울이십니다. 심지어 그 울부짖음을 성경 곳곳에 남겨 두셨습니다. 이를 통해 주님이 바라시는 믿음의 깊이와 넓이를 알게 됩니다. 사람이 겪는 아픔을 공감하며 당신의 뜻을 이루시는 하나님의 마음을 깨닫게 됩니다.

그런 까닭에 주님은 기꺼이 응답하십니다. 그 대답은 그가 기대했던 차원을 훌쩍 넘어섰습니다. 기드온은 그 시절처럼 하나님이 나타나 문제를 해결해주시길 바랐습니다. 하지만 주님은 그때처럼 당신과 함께 일할 사람을 찾으셨습니다. 또 다른 모세를 원하셨습니다. 그가 바로 기드온입니다. 미디안의 손에서 이스라엘을 구하는 일꾼으로 그를 부르셨습니다. 천사가 그를 가리켜 "힘센 장사"라고 부른 이유입니다. 기드온의 반문에 주님은 이렇게 대답하십니다.

여호와께서 그를 향하여 이르시되 너는 가서 이 너의 힘으로 이스라엘을 미디안의 손에서 구원하라 내가 너를 보낸 것이 아니냐 하시니라(삿 6:14).

이 구절을 살펴보면, 이전에 모세가 소명을 받았을 때와 비슷한 점이 많습니다. 이스라엘을 위기에서 건지는 사명만 같은 게 아닙니다. (천사를 통해) 하나님과 대화하는 내용과 문학 형식까지 같습니다(출 3장).[38] 이를 통해 알 수 있습니다. 기드온은 새로운 모세로 부름받았습니다. 하나님은 또 다른 출애굽을 이끌 주역으로 그를 선택하셨습니다.

기드온은 출애굽의 영광이 어디 있냐고 번민하며 물었습니다. 그러자 하나님은 '네가 이 시대의 모세가 되라'고 대답하셨습니다. 기드온의 오해와는 달리 하나님은 이스라엘을 버리지 않으셨습니다. 그때와 마찬가지로 당신의 뜻을 신실하게 이루어가십니다. 단지 시기와 방법이 사람들의 기대와 다를 뿐입니다.

여기서 하나님이 행하시는 구원의 역설을 깨닫습니다. 고난을 겪는 누구나 주님의 신실한 손길을 기대합니다. 하지만 막상 그 사명에 직접 참여할 때면 두려움에 사로잡힙니다. 현실에 자리한 악이 너무나 거대하게 보이기 때문입니다. 반면에 자신은 초라하게 느낍니다. 자기를 미디안에게 보내겠다는 말씀이 마치 사지(死地)로 내보내는 명령처럼 들립니다.

그런 까닭에 기드온은 또다시 묻습니다. "감히 여쭙습니다만, 내가 어떻게 이스라엘을 구할 수 있습니까?"(삿 6:15, 새번역) 앞서 그가 했던 질문은 '하나님'이 주제였습니다. 짓밟힌 현실 가운데서 피어오른 물음표입니다. 지난날 홍해를 가르셨던 주님은 지금 대체 무얼 하시는지 따져 물었습니다. 이제는 질문의 폭이 한 사람, '기드온 자신'으로 급격히 좁아집니다. 대체 내가 어떻게 이스라엘을 구할 수 있는지 묻습니다.

그는 모세 같은 영웅의 등장을 기대했습니다. 하지만 그가 놓친 중요한 사실이 있습니다. 출애굽 소명을 받았을 때, 모세는 여든 살 노인이었습니다. 당시 모세는 지금 기드온 못지않게 무력감에 사로잡혀 있었습니다. 그런 모세를 통해 하나님은 당신의 권능을 이루셨습니다.

따라서 주님은 당신의 임재를 거듭 약속하십니다. 앞서 "주님께서 너와 함께 계신다"(삿 6:12, 새번역)라고 미리 말씀하신 이유일지도 모릅니다. 그럼에도 기드온을 덮친 불안은 잠잠해지지 않았습니다. 그는 불확실한 세상을 살아가기 위한 확실한 증거(히브리어로 '오트')를 요구합니다. 지난날 모세가 떨기나무 아래서 보았던 표징('오트', 출 3:12)을 자신도 경험하길 원했습니다.

기드온은 서둘러 집으로 달려갔습니다. 염소 새끼와 밀가

루로 각각 국물과 빵을 요리해서 돌아왔습니다. 음식을 바위에 올려놓고 그 위에 국물을 부었습니다. 천사가 지팡이를 내밀었습니다. 그러자 바위에서 불꽃이 피어나 축축한 음식을 불살랐습니다. 사람의 경험과 논리로는 설명할 수 없는 초자연적인 장면입니다. 도저히 부정할 수 없는, 그 어떤 의심도 사라지게 하는 주님의 명징한 임재입니다.

그러나 또 다른 모순이 이어집니다. 앞서 기드온은 하나님의 함께하심을 간구했습니다. 그런데 정작 주님의 권능을 목격하자 무서워 떨면서 이렇게 말합니다. "슬프도소이다. 주 여호와여, 내가 여호와의 사자를 대면하여 보았나이다"(삿 6:22). 언뜻 이해가 안 됩니다. 천사를 가까이서 보았습니다. 대화를 나누었습니다. 천사가 일으킨 놀라운 이적을 경험했습니다. 어찌 보면 많은 사람이 기도 가운데 기대하는 극적인 종교 체험입니다. 그 자체로 감격스럽고 황홀한 일 같습니다.

하지만 사건 당사자의 입장은 달랐습니다. 공포에 사로잡힙니다. 한 인간의 존재가 완전히 무너지는 순간이었기 때문입니다. 기드온만 그랬던 건 아닙니다. 비슷한 상황에서 모세도 두려워하며 얼굴을 가렸습니다(출 3:6). 이사야도 보좌 위에 계신 주님과 그 곁에 둘러서 있는 천사들의 찬양 소리를 듣고 이렇게 외쳤습니다. "화로다, 나여. 망하게 되었도다"(사 6:5). 예레

미야는 하나님이 자신을 태어나기 전부터 종으로 세우셨다는 말을 듣자 즉각 이렇게 한탄했습니다. "슬프도소이다"(렘 1:6).

이유가 무엇일까요? 한여름 한낮에 작열하는 태양을 마주 볼 수 있는 사람은 없습니다. 이내 눈을 감습니다. 거대한 빛 앞에 인간은 지극히 무력합니다. 하물며 절대자이신 주님과 감히 마주할 수 없습니다. 죄인인 우리가 하나님과 교제하는 것은 그분이 그만큼 자신을 낮추신 덕분입니다.

기드온에게도 하나님이 먼저 손을 내미십니다. 그를 이렇게 위로하십니다. "너는 **안심(샬롬)**하라. 두려워하지 말라. 죽지 아니하리라"(삿 6:23). 싸늘하게 얼어붙은 기드온의 심장에 비로소 온기가 돕니다. 산산이 부서진 일상의 조각들이 하나둘씩 제자리를 찾아갔습니다. 살아갈 힘을 다시 얻었습니다. 그렇기에 그는 삶에서 가장 중요한 행동을 합니다. 바로 '예배'입니다.

> 기드온이 여호와를 위하여 거기서 제단을 쌓고 그것을 **여호와 샬롬**이라 하였더라(삿 6:24a).

기드온은 주님을 향해 제단을 쌓았습니다. 그리고 그곳에서 하나님의 이름을 부릅니다. 바로 '야훼 샬롬'(יְהוָה שָׁלוֹם), 즉 '샬롬이신 주님'입니다. '샬롬'은 오늘날 한국 교회에도 무척 친숙한 히브리어 단어입니다. '평화'라는 뜻으로 잘 알려져 있습니다. 물론 맞습니다. 하지만 정확하지는 않습니다. 더 깊고 넓은 의미가 있습니다. 바로 '온전함'입니다.[39] 구체적으로는 여러모로 균형 잡힌 상태와 조화로운 관계를 나타냅니다.[40]

이러한 샬롬의 의미가 기드온을 통해 여실히 드러납니다. 그는 망가져 있었습니다. 포도주 틀 안에서 밀알을 타작하는 모습이 이를 여실히 보여줍니다. 그는 작은 소리에도 움찔합니다. 퀭한 눈으로 초조하게 주위를 계속 살핍니다. 비참한 자기 모습을 보니 한숨만 흘러나옵니다. 삶이 버겁습니다. 사람이 무섭습니다. 관계가 파괴되었습니다. 이스라엘은 더 이상 나라로서 기능을 잃었습니다. 곳곳은 죽음의 검은 물결로 가득합니다. 마침내 그는 주님이 이스라엘을 버리셨다고 한탄했습니다.

그런 기드온을 향해 주님은 안심하라고 말씀하십니다. 여기서 주목해야 할 사실이 있습니다. 이때 '안심'으로 옮긴 히브리어 단어 역시 '샬롬'입니다. 기드온은 하나님이 몸소 선언하신 '샬롬'을 들었습니다. 그 샬롬이 그의 내면 가장 깊은 곳에 와닿았습니다. 기드온은 즉각 반응했습니다. 예배하며 하나님을 가리켜 '샬롬이신 주님'이라고 불렀습니다. 혼탁한 시대를 살아가는 연약한 인간이 외치는 가장 절절한 고백입니다.

이때 기드온이 이해한 '샬롬'은 단순히 전쟁이 끝나는 외형적 의미의 평화가 아닙니다. 기드온과 온 이스라엘의 존재 자체를 뒤흔들었던 공포를 가라앉히는 은혜입니다. 하나님을 향한 실망을 씻어내는 희망입니다. '샬롬'은 구약에서 총 237번이나 등장합니다. 그만큼 이스라엘이 가장 바라고 기대하는 바입니다. 하지만 하나님을 향해 '야훼 샬롬'이라는 이름을 직접 부른 사람은 기드온이 유일합니다. 그는 샬롬의 의미를 성경에서 가장 온전히 경험하고 드러낸 인물입니다.

결국 기드온은 부르심에 순종했습니다. 샬롬을 이루는 사명을 감당했습니다. 이스라엘을 이끌고 미디안과 맞서 싸워 이겼습니다. 특별히 군사 300명으로 수많은 적군을 격퇴했습니다. 사사기에 담긴 가장 화려한 승리입니다. 이제 미디안이 이스라엘에 복종했습니다. 황폐한 땅에 평온이 찾아왔습니다(삿 8:28). 마침내 이스라엘에 샬롬이 찾아왔습니다.

그러나 기드온을 통해 이룬 샬롬은 곧 치명적인 한계를 드러냅니다. 그는 백성들에게 받은 막대한 금으로 대제사장 의복, 즉 '에봇'을 만들었습니다. 이것은 훗날 이스라엘을 타락시키는 빌미가 됩니다. 게다가 그의 첩이 낳은 아들 아비멜렉이 아버지 뒤를 이어 권력을 장악했습니다. 거침없이 살육을 저지르는 폭군이 되었습니다. 이스라엘 땅은 또다시 황폐해졌습니다. 샬롬이 사라졌습니다.

사사 시대에만 그런 건 아닙니다. 이스라엘 역사 내내 샬롬의 회복과 상실이 반복되었습니다. 다윗과 솔로몬으로 이어지는 황금기가 잠시 있었지만, 그 후 나라는 남과 북으로 나누어집니다. 외적의 침입이 반복됩니다. 정치적 혼란이 이어집니다. 마침내 북이스라엘은 앗수르에게, 남유다는 바벨론에게 멸망당합니다. 심지어 예루살렘 성전이 무너지는 충격적인 장면을 목격합니다. 시간이 흘러 이스라엘 백성은 놀라운 은혜로 바벨론 포로살이에서 돌아와 성전과 성벽을 재건했습니다. 그럼에도 그들 가운데 여전히 불안은 잠잠해지지 않습니다.

하나님은 자기 백성이 겪는 그 모든 절망을 내버려두지 않으셨습니다. 이 땅에 참된 샬롬을 이루기 위해 마침내 예수님을 보내셨습니다. 신약성경에서 구약의 '샬롬'을 계승해 사용한 헬라어 단어가 있습니다. '에이레네'입니다. 안전과 번영을 이루는 평화와 조화를 가리킵니다.[41] 즉 샬롬과 마찬가지로 '온전함'을 의미합니다.

그런 까닭에 천사들이 깊은 밤, 양 떼를 지키던 목자들에게 그리스도의 탄생을 알리며 이렇게 찬송합니다. "지극히 높은 곳에서는 하나님께 영광이요 땅에서는 하나님이 기뻐하신 사람들 중에 **평화[에이레네]로다**"(눅 2:14). 예수님 자신도 '팔복'을 말씀하시며 "화평하게 하는 자", 곧 '에이레네(샬롬)'를 이루는 사람'에게 복이 있다고 선언하십니다(마 5:9).

예수님의 샬롬이 가장 결정적으로 드러난 곳이 있습니다. 바로 십자가입니다. 주님은 십자가 위에서 "나의 하나님, 나의 하나님, 어찌하여 나를 버리셨나이까"(막 15:34)라고 큰 소리로 부르짖으셨습니다. 이에 대한 해석이 분분하지만, 예수님이 평소 즐겨 암송한 시편 22편 1절을 인용하셨다는 주장이 가장 설득력 있습니다. 저 역시 동의합니다.

하지만 이 장면은 그 이상의 훨씬 더 깊은 울림을 줍니다. 예수님은 참 하나님이십니다. 동시에 참 사람이십니다. 인간이 살아가며 겪는 모든 아픔과 시련을 몸소 겪으셨습니다. 그중에서 가장 큰 고통은 지난날 기드온이 경험했던 '하나님께 버림받음'입니다. 하나님이신 예수님이, 하나님께 버림받았다고 절규하셨습니다. 인간의 언어와 논리로는 도무지 설명할 수 없는 신비로 가득한 고독입니다. 온 우주를 관통하는 아득한 절망의 절정입니다.

그렇지만 십자가는 이대로 끝나지 않았습니다. 사도 요한은 그날, 예수님이 숨을 거두기 직전에 하신 말씀을 우리에게 들려줍니다. 바로 "다 이루었다"(요 19:30)입니다. 십자가는 가장 완전한 '온전함'입니다. 샬롬의 완성입니다. 이를 통해 분명히 깨닫게 됩니다. 주님의 샬롬은 막연한 고요가 아닙니다. 진공 상태에서 창백하게 다가오는 적막이 아닙니다. 처절한 신음과 솟구치는 눈물을 헤치고 다가오는 참된 평화입니다.

그러므로 그리스도인은 하나님께 버림받은 것 같은 짙은 고난을 통해 열리는 진정한 샬롬을 신뢰합니다. 어떤 시련에도 굴하지 않고 묵묵히 주님의 온전함을 전합니다. 언제 어디서나 함께하시는 하나님의 마음을 헤아리며 지금 이곳에서 평화를 이룹니다. 주님이 그 모든 걸음과 헌신을 귀하게 보십니다. 예수님이 팔복을 통해 약속하셨듯 그런 이들을, 하나님의 자녀로 부르심을 믿습니다. 그 믿음을 가슴에 품고 삶이 무너지는 시련 속에서도 하나님의 샬롬을 바라보며 살아가길 진심으로 축복합니다.

이처럼 황폐한 일상 가운데서 신음하는 이들에게 주시는 하나님의 이름 '야훼 샬롬'입니다.

기도

'야훼 샬롬', 당신의 자녀들을 온전하게 하시는 주 하나님.

황폐한 일상을 살아가던 기드온에게서 우리의 모습을 발견합니다. 하나님께 버림받았다고 울부짖는 그의 한탄에 귀 기울입니다. 삶의 여러 모순에 방황하는 마음을 헤아립니다. 저마다 겪는 전쟁을 믿음으로 이겨내는 모두에게 주님의 참된 평화가 넘치게 하옵소서. 오직 하나님만 높이며 하나님의 온전하심을 세상에 전하게 하옵소서.

세계 곳곳에서 전쟁과 재난 소식이 들려옵니다. 끔찍한 비극을 멈춰주옵소서. 진동과 소음에 두려워 떠는 아이들의 울음소리, 공포에 휩싸여 전쟁터로 향하는 군인들의 탄식, 싸늘하게 식은 자식을 품에 안은 부모들의 절규에 응답하옵소서. 거세게 타오르는 증오와 갈등이 멈추길 소망합니다. 주님이 바라시는 참된 조화와 균형의 질서가 곳곳마다 흘러넘치게 하옵소서.

평화의 왕으로 이 땅에 오신 예수 그리스도의 이름으로 기도드립니다. 아멘.

7장 야훼 로이

나의 목자이신 하나님

주님은 나의 목자시니, 내게 부족함 없어라(시 23:1, 새번역).

그 이름은 일평생 하나님의 이끄심을 따랐던 한 사람에게 불어왔습니다.

시편 23편은 역사상 가장 많은 사랑을 받은 찬송입니다. "여호와는 나의 목자시니 내게 부족함이 없으리로다." 첫 구절에 담긴 깊은 울림이 많은 사람에게 위로를 안겨줍니다. 방황을 딛고 일어나게 합니다. 이 찬송의 깊은 의미를 깨닫기 위해 무엇보다 주목해야 할 대상이 있습니다. 바로 저자인 다윗입니다. 왜냐하면 그 자신이 '로에', 즉 목자로 살았기 때문입니다.

그의 치열한 일생을 통해 '나의 목자이신 하나님'이라는 고백에 담긴 뜨거운 생명력을 깨닫게 됩니다. 이것은 성경 속 두 대목에서 인상 깊게 드러납니다.

첫 번째는 사사 사무엘과 이새의 대화입니다. 어느 날 사무엘이 하나님의 명령을 들었습니다. 그 말씀을 따라 뿔에 기름을 채워 베들레헴 사람 이새의 집으로 갔습니다. 이새로서는 너무나 영광스러운 순간입니다. 이스라엘에서 가장 존경받는 지도자가 자기 집으로 찾아왔습니다. 게다가 손에 기름까지 들고 왔습니다. 그것이 무엇을 의미하는지 그는 직감적으로 잘 알고 있었습니다.

이새는 흥분한 목소리로 아들들을 불러 모았습니다. 일곱 아들 역시 기대감이 가득 찬 표정으로 모였습니다. 하지만 어찌 된 일인지 그들은 모두 주님의 선택을 받지 못했습니다. 사사는 당황해하며 고개를 갸웃했습니다. 혹시 다른 아들이 있는지 이새에게 물었습니다. 그가 난감해하며 마지못해 대답합니다. 실은 부르지 않은 막내가 있었습니다. 이어서 이렇게 말합니다. "그는 양을 지키나이다"(삼상 16:11). 매우 의미심장합니다. 그날 이새의 집에서 벌어진 사건과 연관시켜 보면 더욱 그러합니다.

다윗의 형들은 아버지의 호출에 즉각 응할 수 있는 가까운

곳에 있었습니다. 반면 이새는 애초에 다윗을 부를 마음이 없었습니다. 혹시 불렀다고 할지라도 다윗은 집으로 바로 달려올 수 없는 먼 곳에서 양을 돌보고 있었습니다. 이를 통해 알게 됩니다. 다윗에게 '목동'은 소년 시절에 담당했던 단순한 소임이 아니었습니다. 그가 가족에게 철저히 소외당하고 있었음을 보여줍니다.

두 번째는 다윗 자신의 고백입니다. 그는 아버지의 심부름으로 형들에게 전할 매우 많은 양의 먹을거리를 짊어지고 위험한 전쟁터로 향합니다. 다윗은 그곳에서 이스라엘 군대를 모욕하는 블레셋 장군을 보고 분개합니다. 저 골리앗과 맞서 싸우겠다고 나섭니다. 하지만 사울왕은 그를 만류합니다. 사울왕을 설득하는 다윗의 이야기가 인상적입니다.

> [34] 다윗이 사울에게 말하되 주의 종이 아버지의 양을 지킬 때에 **사자나 곰이 와서 양 떼에서 새끼를 물어가면** [35] 내가 따라가서 그것을 치고 그 입에서 새끼를 건져내었고 **그것이 일어나 나를 해하고자 하면** 내가 그 수염을 잡고 그것을 쳐죽였나이다(삼상 17:34-35).

다윗이 아버지의 양을 지켰던 곳, 그가 목자로서 양 떼를 돌보았던 곳은 한가로운 전원 목장이 아니었습니다. 그곳에서는 사자나 곰 같은 맹수가 출몰해 양은 물론이고 그의 목숨까지 위협했습니다. 오늘날 안전 설비를 제대로 갖추지 않아 위험에 그대로 노출된 노동 현장과 비슷합니다.

이때 다윗의 나이를 알아볼 필요가 있습니다. 물론 정확히 파악하기는 어렵습니다. 하지만 추측할 수 있는 중요한 근거가 있습니다. 다윗의 일곱 형 중에서 세 명이 입대했다는 사실입니다(삼상 17:13). 이를 토대로 여러 정황을 종합해본다면, 이때 다윗은 대략 십 대 초중반이었을 것입니다.

분명 어린이는 아니었습니다. 그렇다고 다 자라지도 않았습니다. 사울의 군복과 투구가 몸에 맞지 않은 미성년입니다. 맹수들의 위협에서 한시도 자유로울 수 없는 광야로 양을 몰고 나가기에는 아직 어렵습니다. 어린 양이 목자의 보살핌을 받듯 여전히 부모의 돌봄이 필요한 나이입니다. 하지만 다윗은 예외였습니다. 대신 그는 부모의 관심에서 밀려난 채 양 떼 사이에서 밤을 지새야 했습니다.

이 상황을 현대의 청소년 인권 개념으로 이해하는 것은 무리입니다. 그렇지만 다윗의 소년 시절을 묘사하는 성경의 태도는 일관됩니다. 부모에게 당한 철저한 배제와 소외입니다. 그런 까닭에 다윗은 다음과 같은 가슴 아픈 고백을 남겼습니다. "내 부모는 나를 버렸으나 여호와는 나를 영접하시리이다" (시 27:10).

그러나 다윗은 절망에 빠져 허우적거리지 않았습니다. 목자로서 자신에게 주어진 소명을 충실히 감당했습니다. 전쟁터에서 사울에게 설명한 그의 일상을 다시 살펴보길 바랍니다. 수시로 사자나 곰이 나타나 양 떼를 덮쳤습니다. 너무나 두렵고 떨리는 상황입니다. 본능적으로 목숨을 부지하기 위해 누구나 도망가기 마련입니다. 특히 어린 소년은 더더욱 그러합니다.

하지만 다윗은 양을 구하기 위해 맹렬히 맞서 싸웠습니다. 이러한 날들을 보내면서 참된 목자의 정체성을 내면에 깊이 새겼습니다. 양 떼를 단지 재산으로 보지 않았습니다. 수단으로 여기지 않았습니다. 약하고 여린 모든 생명을 사랑의 대상으로 돌보았습니다. 양이 얼마나 약하고 우둔한지, 그런 양에게 목자가 얼마나 절대적인 존재인지를 체득했습니다. 선한 목자의 태도를 견고히 품게 되었습니다.

그뿐 아닙니다. 다윗은 힘겨운 목자의 삶 속에서도 날마다 찬양했습니다. 이와 관련해 다윗이 왕궁의 전속 악사로 등용되었다는 사실을 눈여겨봐야 합니다. 사울은 하나님의 영이 떠난 자리에 악령이 틈타 고통에 시달리고 있었습니다. 그러자 신하들은 탁월한 수금 연주자를 가까이 두고 그가 들려주는 수금 연주를 통해 치유받을 것을 권했습니다. 사울은 그 의견을 받아들였습니다. 온 나라에서 가장 적합한 자를 찾았습니다. 그가 바로 다윗입니다.

이를 통해 분명히 알 수 있는 사실이 있습니다. 소년 다윗은 항상 손에 수금을 들고 하나님께 온전한 찬양을 쉼 없이 드린 예배자였습니다. 그런 까닭에 사무엘상 16장 18절에서 다윗을 가리켜 "주님께서 그와 함께 계신다"라고 소개했습니다. 하나님은 그러한 다윗의 찬양에 귀 기울이셨습니다. 그의 간구에 반응하셨습니다. 그에게 다가오셨습니다. 길 잃은 어린 양에게 목자가 지팡이를 내밀듯 다윗을 향한 위대한 계획을 선언하셨습니다. 당신의 종 사무엘에게 이렇게 말씀하셨습니다.

> 내가…한 왕을 보았느니라(삼상 16:1).

여기서 "한 왕"은 현재 폭정을 일삼는 사울이 아니라 훗날 새롭게 즉위할 다른 왕, 곧 다윗을 말합니다. 그렇다면 '보았다'가 아니라 '볼 것이다'라는 미래의 의미를 담은 표현이 자연스럽습니다. 이런 경우 흔히 해당 동사를 히브리어 문법상 미완료형으로 적습니다. 그런데 의아하게도 구약 원문은 이 단어를 보통, 과거 혹은 현재 사건을 의미하는 완료형으로 기록했습니다. 이렇게 미래 사건을 이미 일어난 것처럼 완료형으로 생생하게 묘사하는 경우를 가리켜 '예언적 완료형'이라고 부릅니다.[42]

이것은 하나님의 확고한 의지와 결심을 드러내는 표현법입니다. 주님의 계획은 인간의 시간 경험을 초월하기 때문입니다. 여기에 한 사람의 일생을 아우르는 주님의 눈길이 담겨 있습니다. 따뜻하게 양 떼를 보듬는 목자의 손길이 드러납니다. 앞서 보았듯 지금 다윗의 모습은 왕과는 거리가 멀고 초라한 목동에 불과하기 때문입니다. 하지만 다윗을 돌보시는 하나님의 눈에 이미 그는 한 왕입니다.

따라서 다윗을 향한 하나님의 소명은 '왕'이라는 특정 직분에 머물지 않습니다. 주님은 그를 단지 주변 나라의 군주들 같은 권력자로 세우려고 그에게 기름 붓지 않으셨습니다. 이스라엘의 참 목자는 오직 하나님이심을 일깨우라고 그를 부르셨습니다. 이스라엘의 왕은 양들 위에 군림하는 존재가 아닙니다. 목자 아닌 목자입니다. 자신 역시 양 떼의 일부임을 명심하며 참 목자의 음성을 먼저 듣고 앞서 걸어가며 나머지 양들을 이끄는 존재입니다.

다윗이 사무엘을 통해 기름 부음을 받았지만, 골리앗을 쓰러트리고 백성의 절대적인 지지를 받았지만, 곧바로 왕좌에 오르지 못한 이유가 여기에 있습니다. 그는 오히려 왕위로부터 멀어진 채 한참 동안 먼 길을 돌았습니다. 10년 가까이 힘겨운 도피 생활을 해야 했습니다. 목숨을 부지하기 위해 미친 척까지 하는 수모를 겪기도 했습니다. 한마디로 "사망의 음침한 골짜기"를 지나야 했습니다. 목동으로 보내야 했던 소년기에 못지않게 어두운 나날이었습니다. 동시에 이스라엘의 왕으로서 자기 정체성을 가다듬는 시간이었습니다. 그는 권력에 취하지 않고 목자이신 주님을 온전히 의지하는 지도자로 자라갔습니다.

마침내 다윗은 왕좌에 올랐습니다. 그 후 그는 이스라엘 역사상 가장 위대한 통치를 실현하며 메시아를 예고하는 중요한 인물이 되었습니다. 그렇지만 그는 두 가지 중대한 잘못으로 하나님의 준엄한 심판을 받기도 했습니다. 바로 우리아의 아내 밧세바를 뺏은 일과 온 이스라엘 가운데서 군대로 모을 수 있는 사람들의 숫자를 헤아린 사건입니다.

이 두 행동에는 공통점이 있습니다. 그 일들은 그 시대의 왕이라면 아주 당연하게 휘둘렀던 권력의 일부라는 사실입니다. 왕이 눈에 들어온 여인을 마음대로 곁에 두는 사례는 역사책에 부지기수로 많습니다. 심지어 왕가의 혈통을 늘리는 통치 행위로 평가되기도 합니다. 백성 중 누구도 감히 막아설 수 없는 일입니다. 그렇지만 다윗이 밧세바를 취하기 위해 벌인 일은 하나님이 보시기에 악한 행위에 지나지 않았습니다.

또한 왕이 자국의 군사력을 확인하는 것은 어찌 보면 마땅히 해야 할 일입니다. 왕의 가장 중요한 책무는 외부의 위협으로부터 백성을 보호하는 것입니다. 그러자면 군대를 모으고 훈련시키는 데 많은 노력을 기울여야 합니다. 가장 기본적으로는 군인들의 수부터 파악해야 합니다. 그런데도 주님이 이 일을 엄중히 금하신 까닭은 분명합니다. 어느 순간 현실을 핑계로 하나님보다 창과 칼과 병거를 더 신뢰하게 되기 때문입니다.

그러므로 하나님이 다윗의 이 두 가지 죄악에 격노하신 것은 당연합니다. 그가 어느새 권력에 도취해 정체성을 망각했기 때문입니다. 이스라엘의 참 목자이신 하나님의 다스림에서 멀어졌기 때문입니다. 자신에게 주어진 소명을 잊고 백성을 온전히 섬기지 않았기 때문입니다.

사울과 다윗의 차이는 바로 이 지점에서 극명하게 갈립니다. 사울은 거듭되는 하나님의 경고를 끝내 외면했습니다. 목자이신 주님의 손길을 거부했습니다. 끝까지 왕권을 잃지 않으려다 파국을 향해 달려갔습니다. 그 결과 참혹한 최후를 맞이했습니다. 반면 다윗은 주님이 자신의 목자이심을 그분 앞에서 겸허히 인정하고 회개했습니다. 그리하여 이 땅에서 주어진 생을 아름답게 마무리할 수 있었습니다.

열왕기상 1장은 그러한 다윗의 말년을 기록합니다. 그는 몹시 늙어 이불을 덮어도 냉기를 느낄 정도로 기력이 쇠했습니다. 그러자 신하들은 이스라엘 전역에서 가장 예쁜 처녀인 아비삭을 찾았습니다. 그녀를 안고 따뜻하게 주무시도록 왕에게 건의했습니다. 이 대목에서 놓치지 말아야 할 사실이 있습니다. '예쁘다'라는 기준은 주관적입니다. 따라서 잠자리 시중을 들 여인으로 고관대작의 여식이 결정될 리 만무합니다. 아비삭은 권력에 저항할 수 없는, 가난하고 힘없는 집안의 딸일 가능성이 매우 큽니다. 마치 우리아의 아내 밧세바가 왕의 부름을 거부할 수 없었던 상황과 비슷합니다.

따라서 다윗은 신하들의 제안을 단호하게 거부합니다. 지난날 자신의 잘못을 회개하고 양 떼를 섬기는 소명을 진지하게 성찰한 결과입니다. 성경이 이 일을 가볍게 넘기지 않고 기록한 이유입니다. 그는 자신의 필요를 채우기 위해 하나님 앞에서 범죄하기를 단호히 거절했습니다. 왕으로서 취할 수 있는 선택이었으나 하나님 앞에 세움을 받은 목자의 정체성을 잊지 않았습니다. 수넴 여인 아비삭에게 욕망의 손을 뻗는 대신 그를 자기가 돌보고 지켜야 할 양으로 여겼습니다. 어떻게 그럴 수 있었을까요? 다윗이 시편 23편을 시작하며 찬양했듯 주님을 '나의 목자'로 믿었기 때문입니다. 그는 그 고백을 생의 마지막 순간까지 굳게 붙잡았습니다.

'나의 목자이신 하나님'을 뜻하는 히브리어 '야훼 로이'(יְהוָה רֹעִי)는 문법에 따라 '나를 양 돌보듯 돌보시는 분'이라는 의미로 이해할 수 있습니다.[43] 좀 더 자세히 풀어보면, "야훼, 내 목자시여"라는 부르짖음으로도 볼 수 있습니다. 또한 "내 목자는 (그 누구도 아니고 오직) 야훼시라"라고 해석할 수도 있습니다.[44] 이 찬송에서 우리는 다윗이 지닌 신앙의 깊이를 발견합니다. 다윗은 자신이 하나님이 이끄시는 대로 걸음을 옮기는 어린 양임을 명심했습니다. 자신의 삶 가운데 끊어지지 않는 주님의 선하심과 인자하심을 신뢰했습니다.

다윗이 시편 23편을 언제 지었는지는 알 수 없습니다. 어쩌면 양 떼를 지키며 수금을 연주하던 소년 시절이었는지도 모릅니다. 혹은 치열한 권력 투쟁을 이어가던 중년 시기일 수 있습니다. 어쩌면 지나온 인생을 돌이켜보며 회한에 잠긴 노년 때일지도 모릅니다. 모두 추측의 영역입니다. 다만 성경이 기록한 다윗의 생애를 통해 분명히 확인할 수 있는 것이 있습니다. 바로, 그의 찬양과 고백 그대로, 그가 진심을 담아 부른 하나님의 이름처럼, 주님이 다윗의 신실한 목자가 되어 그의 삶 전체를 이끌어주셨다는 사실입니다.

이는 당연히 다윗 한 개인에게만 국한되지 않습니다. 하나님이 "내 영혼을 소생"시키고 "의의 길로 인도"하심을 믿는 모든 이를 향한 은혜입니다. 이스라엘 공동체가 하나님을 예배하며 오랫동안 이 노래를 함께 부른 이유입니다. 그러나 그들은 끝내 목자이신 주님의 온전한 뜻을 저버리고 말았습니다. 그리하여 길 잃은 양 떼를 진실로 구하기 위해 예수님이 이 땅에 오셨습니다. 사람들과 부대끼고 살아가며 당신이 참된 목자임을 생생히 보여주셨습니다. 이와 관련해 주목해야 할 복음서의 두 장면이 있습니다. 먼저 마가복음 6장 34절입니다.

> 예수께서 나오사 큰 무리를 보시고 **그 목자 없는 양 같음으로 인하여 불쌍히 여기사** 이에 여러 가지로 가르치시더라.

마가는 백성을 양 떼로 바라보시는 예수님의 모습을 기록합니다. 그 눈길은 소외되고 버림받았던 소년 다윗을 향한 하나님의 긍휼 어린 시선과 맞닿아 있습니다. 예수님께 나아온 갈릴리 빈민들은 "목자 없는 양" 같았습니다. 정치가들은 물론이고 종교 지도자들도 기득권에 안주할 뿐 그들을 돌보지 않았습니다. 그 결과 그들은 가난과 억압으로 고통당했습니다. 예수님은 그런 백성을 불쌍히 여기셨습니다. 이것은 단순한 동정이 아닙니다. 체휼하는 공감입니다. 예수님은 양 떼의 아픔을 당신의 것으로 받아들이셨습니다. 그런 까닭에 자기 정체성을 이렇게 명백히 선언하셨습니다.

> ¹⁴ 나는 **선한 목자**라 나는 내 양을 알고 양도 나를 아는 것이 ¹⁵ 아버지께서 나를 아시고 내가 아버지를 아는 것 같으니 나는 양을 위하여 목숨을 버리노라(요 10:14-15).

예수님은 선한 목자이십니다. 구약성경에 계시된 아버지 하나님이 이미 다윗과 온 이스라엘의 신실한 목자이신 것과 같습니다. 그러므로 주님의 십자가와 부활은 양 떼를 위해 목숨을 버린 목자의 사랑 표현입니다. 여기서 하나님을 '나의 목자'로 고백하는 모든 이에게 그분이 주시는 진정한 희망과 생명을 발견합니다. 삶의 절망 속에서 허우적거릴지라도 목자이신 주님이 우리를 분명 건져주시기 때문입니다.

다윗의 일생을 돌아보며, 선한 목자이신 예수님의 복음을 마음에 담고 시편 23편을 다시 읽어보길 바랍니다. 천천히 소리 내 읊조리며 곱씹어보길 바랍니다. 이 위대한 찬송을 통해 갈수록 혼란스럽고 불확실한 시대를 살아갈 힘을 얻습니다. 막막한 인생 여정에서 반가운 이정표를 발견하고 안심하며 걸어갈 용기를 얻습니다.

주님은 나의 목자시니, 내게 부족함 없어라(시 23:1, 새번역).

이처럼 목자 없는 양같이 방황하는 백성을 외면하지 않고 신실하게 돌보시는 하나님의 이름 '야훼 로이'입니다.

기도

'야훼 로이', 나의 목자이신 주 하나님.
  주님이 자녀들의 삶을 신실하게 이끄심을 고백합니다. 그 믿음을 담아 찬양을 드렸던 다윗의 삶을 돌이켜봅니다. 그 누구에게도, 심지어 부모에게도 돌봄을 받지 못했던 그의 외로운 소년 시절을 기억합니다. 하지만 목동으로 양 떼를 돌보며 신실하게 주님을 바라보았던 그의 놀라운 신앙을 되새깁니다.
  주님이 우리의 목자 되시는 은혜를 증거하기 위해 예수님이 흩어진 양들의 목자로 이 땅에 오셨음을 고백합니다. 십자가와 부활을 통해 선한 목자의 사랑을 부어주신 은혜를 높이 찬양합니다. 그 위대한 진리를 마음 깊이 깨닫길 원합니다. 때때로 사망의 음침한 골짜기를 지날 때에라도, 영혼을 소생시키고 의의 길로 인도하시는 주님의 이끄심을 따르게 하옵소서. 언제나 선하심과 인자하심으로 주님이 돌보심을 신뢰하게 하옵소서.

우리 삶의 참 목자이신 예수 그리스도의 이름으로 기도드립니다. 아멘.

8장 야훼 샴마

거기에 계신 하나님

그 사방의 합계는 만 팔천 척이라 그날 후로는 그 성읍의 이름을 여호와삼마라 하리라(겔 48:35).

그 이름은 하나님의 부재로 상실감에 빠진 백성에게 불어왔습니다.

성전이 무너졌습니다. 더불어 모든 게 허물어졌습니다. 이스라엘에게 성전은 단순한 종교 시설이 아닙니다. 그들이 알고 믿고 있는 세계 전부입니다. 성전은 크게 세 부분으로 구성되었습니다. 바깥뜰, 성소, 지성소입니다. 바깥뜰은 땅과 바다를 포함한 생활 공간을 의미합니다. 성소는 눈에 보이는 하늘과

거기에 있는 빛의 근원을 가리킵니다. 지성소는 눈에 보이지 않는 세계, 즉 하나님이 계시는 곳을 상징합니다.[45]

성전은 이 모두를 합친 공간입니다. 백성은 성전을 통해 하나님이 지으시고 다스리시고 머무시는 온 우주를 경험했습니다. 그러나 주전 586년, 바벨론 군대의 침략으로 성전이 무참히 파괴되었습니다. 그 광경을 지켜보는 유다 백성의 심경은 너무나 참담했습니다. 그것은 현대인들은 감히 상상조차 할 수 없는 절망 그 자체입니다. 삶을 지탱해온 모든 세계가 산산이 부서졌습니다. 믿고 의지할 단 한 줌의 희망도 남지 않았습니다.

에스겔은 이러한 남유다의 멸망을 전후로 주전 592-570년에 활동한 예언자입니다. 그는 주전 597년 2차 유배 때, 여호야긴왕을 비롯한 많은 고위 관료와 함께 바벨론에 포로로 끌려갔습니다. 그 후 11년이 지나 바벨론의 왕 느부갓네살 군대에 의해 나라가 완전히 몰락했다는 소식을 들었습니다.[46] 심지어 성전이 파괴되었습니다. 포로민의 공포와 염려는 점점 더 커져만 갔습니다. 그들은 극심한 혼란을 겪었습니다.

에스겔은 이처럼 암울하던 때 주님께 부름을 받았습니다. 그는 백성과 함께 험난한 시절을 보냈습니다. 고난을 오롯이 겪었습니다. 그때 스산한 마음으로 그발강 가를 거닐던 그의 모습을 상상해봅니다. 에스겔이 느꼈을 고독과 부담의 무게를 도무지 가늠하기 힘듭니다. 그럼에도 그는 환상 중에 다가오신 주님의 뜻을 묵묵히 전했습니다. 그 말씀을 짜임새 있게 정리해 후대에 남겼습니다. 바로 에스겔서입니다.

에스겔서의 구조를 크게 전반부(1-24장)와 후반부(25-48장)로 나눌 수 있습니다. 각각 '흩뜨림'과 '모음'이 주제입니다. 나라를 잃고 원수의 땅으로 끌려가는 절망 그리고 그 절망을 딛고 일어나는 회복을 담고 있습니다. 이 이야기를 다룰 때 주의할 점이 있습니다. 섣불리 희망으로 달려가지 말아야 합니다. 마치 결론을 전혀 알지 못하는 책을 처음 펼친 듯 에스겔서를 읽어야 합니다. 당시 포로민이 겪었던 극한의 비극에 몰입해야 합니다. 이와 관련해 다음 구절을 눈여겨보십시오.[47]

> [2] 너 사람아, 이스라엘에게 전하여라. 나 주 하나님이 이스라엘 땅을 두고 말한다. 끝이 왔다. 이 땅의 사방 구석구석에 끝이 왔다. [3] 이스라엘아, 이제는 너희에게 끝이 왔다. 나는 이제 너희에게 내 분노를 쏟고, 너희 행실에 따라 너희를 심판하며, 너희의 역겨운 일들을 너희에게 보응하겠다. [4] 내가 너희를 아끼지도 않고, 불쌍히 여기지도 않겠다. 오히려 나는 너희의 모든 행실에 따라 너희를 벌하여, 역겨운 일들이 바로 너희의 한가운데서 벌

어지게 하겠다. 그때에야 비로소 내가 주인 줄 너희가 알게 될 것이다(겔 7:2-4, 새번역).

말 그대로 모든 게 끝입니다. 완전한 종결입니다. 희망 어린 그 어떤 시작도 끼어들 틈이 없습니다. 평소 알던 하나님이 아닙니다. 사랑이 풍성하신 주님이 이제는 그들에게 싸늘한 표정을 지으십니다. 거침없이 심판을 선언하십니다. 징벌을 경고하십니다. 이때 그 말씀을 들은 에스겔의 마음은 어땠을까요? 그 말씀을 전해야 했던 심경은 어땠을까요? 그 대언을 전해 들은 백성들의 심정은 또 어땠을까요? 끝없는 낙담뿐이었습니다.

에스겔서는 그 절망을 충격적인 장면으로 보여줍니다. 대표적으로 두 가지가 있습니다. 첫 번째 장면은 성전에서 떠나가는 '주님의 영광'입니다.

> 22 그때에 그룹들이 날개를 펼치고, 바퀴들은 그들 곁에 있었는데, 이스라엘 하나님의 영광이 그들 위에 머물렀다. 23 그리고 주님의 영광이 그 성읍 가운데서 떠올라, 성읍 동쪽에 있는 산꼭대기에 머물렀다(겔 11:22-23, 새번역).

하나님의 영광이 성전을 떠나 동문에 머물렀습니다(10:19).

여기서 멈추지 않고 아예 동쪽 산꼭대기로 옮겨갔습니다(11:23). 아직 바벨론 군대가 침공하기 전입니다. 곧 닥쳐올 심판을 준비하는 모습입니다. 여기서 동쪽 산은 감람산을 가리킵니다. 예루살렘 경계 밖에 위치합니다. 즉 하나님의 영광이 예루살렘을 완전히 떠났음을 의미합니다.[48] 성전이 존재하는 이유는 주님의 영광에 있습니다. 하나님이 영광 가운데 머물지 않으시면 성전은 평범한 건축물에 지나지 않습니다. 그러니 이전에는 상상도 할 수 없는 경악할 순간입니다.

두 번째 장면은 '마른 뼈들'입니다. 앞서 언급했다시피 에스겔서는 크게 두 부분으로 나뉘어 있습니다. 그중 후반부 주제인 '회복'을 가장 극적으로 보여주는 본문이 37장에 기록된 큰 군대를 이루는 환상입니다. 죽음의 골짜기로 사방에서 생기가 불어옵니다. 마침내 거대한 군대가 일어섭니다. 너무나 감격스럽습니다. 그런데 에스겔은 이 단락을 시작하며 배경을 이렇게 묘사합니다.

> 나를 그 뼈 사방으로 지나가게 하시기로 본즉 그 골짜기 지면에 뼈가 심히 많고 아주 말랐더라(겔 37:2).

바짝 마른 뼈들이 골짜기에 그득하게 쌓여 있습니다. 상징하는 바가 명확합니다. 철저한 죽음입니다. 당시 포로민이 겪은 처참한 현실입니다. 물론 우리는 그 뒤에 이어지는 극적인 반전을 잘 알고 있습니다. 그렇더라도 명심해야 합니다. 하나님이 내미시는 생명의 손길이 닿기 전, 유다 백성이 겪었던 절망은 금세 사라질 희뿌연 안개가 아니었습니다. 압도적인 암흑이었습니다. 소생을 전혀 기대할 수 없는 상태였습니다.

이러한 아픔을 명심해야 비로소 에스겔서에 담긴 참 의미를 깨달을 수 있습니다. 빛의 찬란함을 알기 위해 어둠과 대조하고, 부활 영광을 올바로 누리기 위해 십자가 고난에 주목하는 것과 같은 이치입니다. 이를 염두에 두고 결론에 이르러야 합니다. 우리는 거기서 하나님이 에스겔에게 보여주신 한 성읍을 발견합니다. 이와 관련해 다음의 에스겔서 구조를 살펴볼 필요가 있습니다.

    A 하나님의 **임재**에서 하나님의 **부재**로(1:1-11:25)

        B 파괴를 위한 준비(12:1-24:27)

            C 열국에 대한 예언(25:1-32:32)

        B′ 회복을 위한 준비(33:1-39:29)

    A′ 하나님의 **부재**에서 하나님의 **임재**로(40:1-48:35)

에스겔서는 전체 흐름을 통해 다시 임재하시는 하나님을 강조하고 있습니다.[49] 주목할 점은 그러한 주제를 드러내는 **방식**입니다. 에스겔서의 결론 부분(A′)은 40-48장입니다. 그 시작과 끝에 '성읍'을 핵심 단어로 제시하며 전체를 감싸는 문학 구조를 지니고 있습니다.[50] 먼저 40장 2절을 보겠습니다.

> 하나님의 이상 중에 나를 데리고 이스라엘 땅에 이르러 나를 매우 높은 산 위에 내려놓으시는데 거기에서 남으로 향하여 **성읍 형상 같은 것이** 있더라.

주님이 환상 중에 에스겔을 이스라엘의 높은 산으로 데려가셨습니다. 거기서 그는 남쪽에 있는 성읍 건축물을 발견합니다. 그 성읍이 에스겔서 마지막에 명료하게 다시 등장합니다. 그뿐 아니라 그 성의 이름을 알려주며 위대한 예언서를 끝맺습니다.

> 그 사방의 합계는 만 팔천 척이라 그날 후로는 그 성읍의 이름을 **여호와 삼마**라 하리라(겔 48:35).

'야훼 샴마'(יְהוָה שָׁמָּה), '거기 계시는 주님'이라는 뜻입니다.

이 이름이 곧 그 도시의 이름이 되었습니다. 다시 일으키실 예루살렘의 정체성이 명확히 드러나고 있습니다. 바로 주님이 함께하시는 성읍입니다.

어찌 보면 아주 당연합니다. 그럼에도 하나님이 그 도성의 이름을 '야훼 삼마'라고, '거기 계시는 주님'이라고 굳이 힘주어 언급하신 까닭은 무엇일까요? 에스겔서 전체를 통해 당신의 자녀들이 거듭 새겨들어야 할 핵심이기 때문입니다. 당시 하나님의 백성이 그 무엇보다 목말랐던 복음이기 때문입니다. 그들이 모든 절망과 거짓을 딛고 일어나 반드시 마음 깊이 간직해야 할 진리이기 때문입니다.

앞서 에스겔 7장 2-4절에 기록된 하나님의 준엄한 심판을 살펴보았습니다. 거기서 소름 끼치도록 냉정한 주님의 얼굴을 보았습니다. 하나님은 분명히 말씀하셨습니다. 모든 게 끝이라고, 더 이상 불쌍히 여기지 않겠다고 엄중하게 선언하셨습니다. 이처럼 성경에 기록된 차가운 언어 또한 무겁게 받아들여야 합니다. 마치 낯선 이야기처럼 귀 기울여야 합니다. 이어지는 다른 말씀은 없는 듯 엄숙하게 경청해야 합니다. 성경을 통해 나를 냉정하게 돌아봐야 합니다. 주님의 뜻을 따라 진심으로 회개해야 합니다.

동시에 명심해야 합니다. 하나님은 결코 우리를 버리지 않으십니다. 때때로 우리를 고통 가운데 내던져버린 것 같기도 합니다. 무표정한 얼굴로 근심 어린 인생 한복판에 내치신 것처럼 느껴질 때도 있습니다. 하지만 에스겔과 동시대에 활동했던 예언자 예레미야가 피를 토하는 심정으로 노래했듯 그것은 하나님의 본심이 아닙니다(애 3:33). 철저히 인간의 오해입니다.

주님은 당신의 방법으로, 당신의 자녀들과 반드시 함께하십니다. 전혀 예상하거나 기대하지 못했던 새로운 길을 열며 다가오십니다. 잃어버린 줄 알았던 임재를 생생히 느끼게 하십니다. 심지어 하나님이 안 계신 것 같고 우리를 버리신 것 같은 순간에도 여전히 우리와 함께하셨음을 알게 하십니다. 인간의 경험과 느낌으로 감히 다 헤아릴 수 없는 주님의 진정한 임재를 온전히 깨닫게 해주십니다.

여기에 중요한 사실이 있습니다. 에스겔 시대에 혹독한 시련을 거치며 하나님의 임재가 지닌 지평이 확연히 넓어졌습니다. 그 의미가 파격적으로 풍성해졌습니다. 하나님의 임재는 흔히 오해하듯 막연한 감정이 아닙니다. 상식에서 벗어나는 주관적 체험에 빠지는 것은 성경이 말하는 주님의 함께하심과 거리가 멉니다. 특별히 에스겔 48장에서 하나님이 계신 곳이 '성전'에서 벗어났음을 주목해야 합니다.

지난날 지성소로 제한하여 이해했던 곳이 이제는 예루살렘 성읍 전체로 확산되었습니다.[51] 별것 아닌 듯 보이지만 당시 유다 사람들에게는 매우 파격적인 선언입니다. 물론 새롭게 세운 예루살렘성 안에도 주님의 성소가 있습니다(겔 48:8-10). 그렇지만 하나님은 예전처럼 더 이상 성전에만 머물지 않으십니다. 성전 바깥뜰을 지나 성소를 거쳐야 했던 지극히 엄숙하고 신비로운 지성소에만 계시지 않습니다. 사람들의 생활 공간인 성 전체에서 함께하십니다. 땅을 일구며 땀 흘려 노동하는 곳입니다(겔 48:19). 인생의 희로애락이 뒤섞인 곳입니다. 삶의 애환이 서린 곳입니다. 고단한 일상을 이어가는 곳입니다. 바로 그곳에 주님이 임재하십니다.

더 나아가 하나님이 자기 백성과 함께하며 새롭게 일구실 세상의 생명력을 바라보아야 합니다. 에스겔서 구성에서 '야훼 샴마' 선언이 포함된 소단위는 47-48장입니다. 그런데 그 시작이 의미심장합니다. 이루 말할 수 없는 청량감을 안겨줍니다.

> 그가 나를 데리고 성전 문에 이르시니 성전의 앞면이 동쪽을 향하였는데 그 문지방 밑에서 물이 나와 동쪽으로 흐르다가 성전 오른쪽 제단 남쪽으로 흘러내리더라(겔 47:1).

하나님이 바벨론에 포로로 잡힌 백성들에게 다시금 자유

를 주시며 그들을 가나안으로 이끄십니다. 그곳에 새로운 성전을 허락하십니다. 그 성전에서 물이 흘러나옵니다. 그 물이 강을 이룹니다. 양편에 나무가 빼곡히 자랍니다. 에덴동산 가운데 있었던 생명 나무가 떠오르는 장면입니다(창 2:9).[52] 여기서 우리는 이스라엘 백성이 하나님의 임재 가운데 경험할 회복의 방향과 깊이를 확인할 수 있습니다. 그들은 단지 바벨론 군대에게 짓밟히기 전의 삶으로 돌아가지 않습니다. 주님은 온 세상을 지으며 꿈꾸셨던 찬란한 생명을 새롭게 일구길 바라셨습니다. 이스라엘이 참으로 감당해야 할 사명을 온전히 이루길 소망하십니다.

하나님은 그 바람을 담아 이스라엘 지파별로 땅을 분배하셨습니다. 그 내용이 에스겔 48장 1-29절에 자세히 나옵니다. 지난날 이스라엘은 북이스라엘과 남유다로 나뉘어 심각한 갈등과 분쟁을 겪었습니다. 그 여파로 각각 앗수르와 바벨론에게 멸망을 당했습니다. 그런데 이제 열두 지파가 새롭게 땅을 분배받을 때에는 더 이상 남과 북으로 나뉘지 않습니다. 고르게 섞여 있습니다. 새 언약 백성이 참으로 하나가 되어 평강을 이루기 때문입니다.[53] 하나님이 공동체에 함께 계시는 가장 명확한 증거와 결실은 곧 '평화'임을 거듭 확인하는 장면입니다.

마지막으로 명심해야 할 진리가 있습니다. 에스겔서에서 무려 70번 넘게 등장하는 독특한 문장이 있습니다. 바로 "내가 여호와인 줄을 너희가[그들이] 알리라"입니다. 그중에서도 열방을 가리키는 '그들'을 포함한 구절은 23번 나옵니다. 따라서 '거기에 계신 하나님'이라는 이름의 새 예루살렘은 이스라엘을 넘어 새로운 창조 세계의 중심에 위치합니다. 그 결과 온 세상이 주님을 주님답게 온전히 알게 됩니다.[54]

이 대목에서 한 가지 의문이 생깁니다. 에스겔이 묘사한 새 예루살렘의 실체는 과연 무엇일까요? 아직 역사 속에서 실현되지 않은 그 거룩한 성읍의 의미를 어떻게 받아들여야 할까요? 올바른 이해를 위해 요한계시록에 나오는 새 예루살렘과 비교할 필요가 있습니다. 정리하면 다음 쪽의 표와 같습니다.

이 내용을 통해 분명히 알 수 있습니다. 요한계시록이 보여주는 새 예루살렘은 하나님이 역사를 완성하실 때 세워집니다. 반면에 에스겔이 알려준 새 예루살렘은 그 '전 단계'로서 '과정'을 보여줍니다.[55] 즉 오늘을 살아가는 그리스도인들에게 임하신 하나님 나라를 보여줍니다. 우리는 이미 구원받았지만 그 구원은 아직 완벽하게 이루어지지 않았습니다. 여전히 죄인으로서 한계를 가지고 있습니다. 서툴고 미흡한 자신을 발견합니다. 이 때문에 수없이 자책하고 방황하기도 합니다.

하지만 반드시 명심해야 합니다. 그런 우리에게 주님이 늘

요소	에스겔 40-48장	요한계시록 21-22장
성읍의 이름	여호와 삼마(48:35)	새 예루살렘(21:2)
성읍의 모양	정사각형	정육면체
건축 자재	평범한 돌	귀중한 돌과 금속
성전의 역할	모든 것의 중앙(40-42장)	성전이 없다고 강조함(21:22)
성전에서 나오는 물	성전에서 물이 나옴(47:1-12)	생명수의 강이 보좌에서 나옴 (22:1-2)
제사의 역할	예배의 중심으로서 계속 기능함(44-46장)	어린 양이 사람들 사이에 거함
거주민의 모습	계속하여 정결과 부정을 구분해야 함(42:20)	절대적으로 정결함(21:26-27)
환상의 영역	이스라엘 지역에 국한	전 우주로 확대(21:24-27)

함께하십니다. 거룩한 임재를 통해 위대한 뜻을 묵묵히 이루어가십니다. 그 계획을 신뢰해야 합니다. 죄악을 물리치고 절망을 이겨내며 희망을 꿈꾸길 바랍니다. 하나님이 그런 우리를 통해 새 예루살렘을 쌓아가시기 때문입니다.

이처럼 모든 걸 잃었다는 절망에 빠진 당신의 자녀들에게 다가와 함께하며 생명과 평화를 주시는 하나님의 이름 '야훼 샴마'입니다.

기도

야훼 샤마, 우리와 함께하시는 하나님.

때때로 날카로운 한기를 경험합니다. 이 세상에 버림받은 것 같습니다. 주님은 저 멀리 어딘가로 영영 떠난 것 같은 절망에 빠지기도 합니다. 하나님의 임재를 더욱 사모합니다. 안 계신 것 같을 때에도 언제나 함께하시는 주님의 따스한 손길을 의지합니다. 생동감 넘치는 생명을 소망합니다. 하나님을 더욱 온전히 알기 원합니다.

이 모든 놀라운 계획이 지금 이곳에 주어진 삶을 통해 실현되고 있음을 고백합니다. 하루하루 새 예루살렘을 쌓아가게 하옵소서. 훗날 다시 오실 주님과 함께 완성될 하나님 나라를 바라보고 하루하루 이루어가게 하옵소서. 주님의 완전한 다스림과 평화를 널리 전하며 살아가게 하옵소서.

예수 그리스도의 이름으로 기도드립니다. 아멘.

닫는 글

하나님에게 이름이 있습니다. 하나님은 그 이름을 세상에 알려주셨습니다. 자녀들이 그 이름을 부를 때 따스한 바람으로 다가오셨습니다. 생명의 호흡을 불어 넣어주셨습니다. 그렇게 사귐을 시작하셨습니다. 공명이 울려 퍼집니다. 하나님의 이름에 담긴 신비하고 놀라운 사랑입니다.

  이 책은 하나님의 이름 중 일곱 가지를 살펴보았습니다. 먼저 '에흐예 아쉐르 에흐예'(이루어가시는 하나님)는 비참한 현재를 살아가던 모세에게 불어왔습니다. 출애굽을 이끌라는 소명을 두려워하는 모세에게 주님은 당신의 이름을 들려주셨습니다. 그 이름이 모세를 일으켜 이집트에서 고난받는 백성을 향해 가게 했습니다.

'야훼 엘로헤켐'(주 너희 하나님)은 광야 길을 지나던 백성에게 불어왔습니다. 그들이 지켜야 할 삶의 원리를 하나님이 거룩함과 사랑을 중심으로 율법에 담아주셨습니다. 그 말씀을 하며 "나 야훼는 너희 하나님이다"라고 거듭 강조하셨습니다. 그 이름을 통해 이스라엘은 하나님과 자신을 올바로 이해하는 중요한 정체성을 깨달았습니다.

'야훼 이레'(보시는 하나님)는 혼란 속에서 번민하던 아브라함에게 불어왔습니다. 그는 아들을 번제물로 바치라는 가혹한 명령을 주님에게 들었습니다. 고통스럽게 순종했습니다. 그 모든 아픔과 갈등을 모두 보시고 보이시며 준비하시는 주님의 이름을 불렀습니다. 그리고 행함이 있는 진정한 믿음의 조상이 되었습니다.

'야훼 닛시'(나의 깃발이신 하나님)는 처참한 전투를 끝낸 이스라엘에게 불어왔습니다. 이집트를 떠나고 나서 처음 치른 전쟁입니다. 그날 백성들은 산꼭대기에 올라가 하나님의 지팡이를 치켜든 모세를 보았습니다. 처절한 싸움 가운데 함께하시는 주님의 사랑을 경험했습니다. 참된 승리의 의미를 깨달았습니다.

'야훼 샬롬'(온전하게 하시는 하나님)은 무너진 일상을 안간힘 쓰며 지켜가던 기드온에게 불어왔습니다. 그는 미디안의 침략으로 몸과 마음이 모두 무너진 가운데 이스라엘을 구하라는 소명을 받았습니다. 큰 두려움에 사로잡혔습니다. 그런 그에게 하나님이 진정한 온전함(샬롬)을 깨우쳐주셨습니다. 샬롬을 회복하는 일꾼으로 세워주셨습니다.

'야훼 로이'(나의 목자이신 하나님)는 평생 주님의 돌보심을 신뢰했던 한 사람에게 불어왔습니다. 목자는 다윗의 비참한 소년 시절을 상징합니다. 하지만 그 시절에 그는 참된 목자의 의미를 절감하는 시간을 보냈습니다. 자신에게 기름 부으신 하나님의 뜻을 마음 깊이 간직했습니다. 목자 아닌 목자로서 자신의 역할을 믿음으로 지켜냈습니다.

'야훼 샴마'(거기에 계신 하나님)는 하나님이 떠나신 빈자리로 인해 절망한 백성에게 불어왔습니다. 그들은 바벨론 포로로 끌려왔습니다. 고국의 성전이 무너졌다는 소식을 들었습니다. 모든 게 완전히 끝났습니다. 하지만 주님은 장차 당신이 함께 하실 새 예루살렘을 보여주셨습니다. 이스라엘은 하나님이 그들에게 새롭게 펼쳐 보이실 세상을 기대하며 희망을 회복했습니다.

이러한 하나님의 이름에 담긴 은혜를 세 가지로 정리할 수 있습니다.

첫째, 하나님의 이름은 '지치고 힘겹게 살아가던 이들'에게 불어왔습니다. 모세는 패배감에 사로잡힌 노인이었습니다. 이스라엘은 막막한 광야 여정을 지났고, 살벌한 전투를 치렀으며, 낯선 땅에 포로로 잡혀갔습니다. 아브라함은 아들에게 칼을 겨눠야 했습니다. 기드온은 비굴한 모습으로 몰래 숨어 있었습니다. 다윗은 일생에 거쳐 험난한 시련을 겪었습니다. 하지만 그들은 하나님의 이름을 부르며 아픔을 딛고 일어날 힘을 얻었습니다.

하나님이 당신의 이름을 알려주고 부르게 하신 것은 무의미한 요구가 아닙니다. 강압적인 명령이 아닙니다. 위대한 사랑의 표현입니다. 자녀들의 고통을 외면하지 않고 함께 아파하신다는 증거입니다. 그 모든 절망에서 회복시켜주시는 놀라운 은혜입니다. 성경은 창백한 교리서가 아닙니다. 땀과 피와 눈물이 진하게 스며든 책입니다. 삶이 힘겨울 때마다 성경을 펼쳐 읽어야 할 이유입니다. 고난 가운데 하나님의 따스한 숨결이 깃드는 은혜를 보게 됩니다.

둘째, 하나님의 이름은 '예배'로 이어집니다. 하나님은 모세에게 출애굽을 이끌라는 소명을 주며 당신의 이름을 알려주셨습니다. 출애굽의 중심 목적은 예배입니다(출 5:1). 주님이 거듭해서 당신의 이름을 알려주신 레위기 역시 제사, 즉 예배가 핵심 주제입니다. 아브라함은 번제 드린 땅을, 모세와 기드온은 예배를 위해 쌓은 제단을 가리키며 하나님의 이름을 불렀습니다. 다윗의 찬송은 시편에 담겨 이스라엘이 예배 중에 함께 불렀습니다. 새 예루살렘 중심에 예배드릴 '성소'가 있습니다(겔 48:8, 10).

주님은 당신의 이름을 통해 자녀들을 예배하게 하십니다. 예배는 하나님의 이름을 호흡한 사람이 보이는 지극히 자연스러운 반응입니다. 따라서 예배를 더욱 생명력 있게 드리기 위해 주님의 여러 이름을 부르며 그 의미를 곱씹어야 합니다. 그 이름을 불렀던 이들을 성경에서 찾아보며 올바른 예배가 무엇인지 깨달아야 합니다. 하나님이 기뻐하시는 참된 예배자로 살아가야 합니다.

셋째, 하나님의 이름은 성도가 살아가는 '구체적인 일상' 가운데 울려 퍼졌습니다. 이스라엘은 광야 길을 지날 때, 전투가 끝나고 긴장이 풀려 주저앉을 때, 포로민으로 겪는 서러움에 흐느낄 때, 주님의 이름을 불렀습니다. 아브라함은 자기 삶의 전부인 아들을 결박한 후에, 모세는 오랜 생업대로 양 떼를 치다가, 기드온은 몰래 숨어서 밀 이삭을 타작하다가, 다윗은 험난했던 인생의 굽이굽이를 돌아보며 찬양하다가 하나님의 이름을 고백했습니다.

하나님이 불러일으키시는 생기는 자녀들을 세상과 고립시키지 않습니다. 우리가 죽어서 갈 저 먼 곳만 바라보게 하지 않습니다. 하나님은 우리가 지금 이곳에서 마주하는 일상을 굳건히 살아가길 바라십니다. 당신의 이름을 통해 현실의 고단함을 이겨내길 원하십니다. 세상 속에서 살아가지만 세상에 휩쓸리지 않는 온전한 그리스도인으로 자라가길 기대하십니다.

하나님의 이름은 고단한 현실을 살며 지친 이들에게 바람처럼 다가옵니다. 그 이름으로 생명을 호흡한 이들은 자연스레 예배합니다. 그리고 다시 일어나 현실과 당당히 맞서 살아갑니다. 이러한 복음을 소중하게 간직하길 바랍니다. 그 진리의 바람을 타고 불어오는 하나님의 이름에 몸을 맡기고, 주님의 숨결을 깊이 호흡하길 진심으로 축복합니다.

1 할렐루야. 주님의 종들아, 찬양하여라.

주님의 이름을 찬양하여라.

2 지금부터 영원까지,

주님의 이름이 찬양을 받을 것이다.

3 해 뜨는 데서부터 해 지는 데까지,

주님의 이름이 찬양을 받을 것이다(시 113:1-3, 새번역).

'하나님의 이름' 관련 추천 도서

제프 A. 베너(Jeff A. Benner), 『His Name is One』
본서를 쓸 때, 가장 큰 도움을 받은 책입니다. 구약성경에서 '이름'이 지닌 의미를 알려주고, 하나님의 여러 이름을 어떻게 이해할 수 있는지 설명합니다. 132쪽의 얇은 책이지만 고대 서아시아의 상형문자를 비롯한 저자의 해박한 언어 지식을 통해 깊은 통찰을 얻을 수 있습니다.

김세권, 『삶을 흔드는 창세기 읽기』
미국의 유대교 신학교인 히브리유니온대학에서 구약 원문을 연구한 저자의 이력이 특이합니다. 저자는 히브리어 원문과 유대교, 이스라엘 문화에 대한 이해를 바탕으로 모세오경을 깊이 주석하면서도 읽기 편한 문체로 세 권의 책을 썼습니다. 추천한 책과 더불어 『삶을 이끄는 출애굽기 읽기』와 『삶을 드리는 레위기 읽기』를 읽는다면, 하나님의 이름이 나오는 성경 본문을 풍성하게 이해하는 데 도움이 될 것입니다.

김창대, 『에스겔서의 해석과 신학』
본서를 쓰면서 에스겔서의 중요성을 새삼 깨닫는 뜻밖의 수확을 거두었습니다. 에스겔서의 전반부는 유다에 대한 심판의 메시지를, 후반부는 미래에 있을 회복과 새 성전에 관한 메시지를 주로 담고 있습니다. 심판에서 회복으로 이어지는 과정을 따라가는 가운데, 하나님의 이름에 담긴 역동성과 생명력이 에스겔서에서 활짝 꽃피었음을 발견했습니다. 에스겔서에 대한 탁월한 연구서로 추천합니다.

미주

1. Jeff A. Benner, *His Name is One* (TX: Virtualbookworm Publishing, 2003), 15.
2. TDOT (Theological Dictionary of the Old Testament), vol. 15 '쉠', 133.
3. Jeff A. Benner, *His Name is One*, 15-16.
4. 위의 책, 17-18.
5. 위의 책, 35.
6. 성경에서 신앙의 순수성을 지키면서도 이스라엘 외에 다른 문화를 적극적으로 활용해 야훼 신앙을 표현한 대표적인 사례다.
   강사문, 『구약의 하나님』(한국성서학연구소), 13-29.
7. Jeff A. Benner, *His Name is One*, 41.
8. 버나드 W. 앤더슨, 『구약성서탐구』(김성천 옮김, CLC, 2017), 106-107.
9. '야웨'라는 표기도 상당한 설득력을 얻고 있지만, 본서에는 많은 이에게 친숙한 '야훼'로 통일했다.
10. 버나드 W. 앤더슨, 『구약성서탐구』, 115.

11. 김진명, "고대 서아시아 종교의 배경 속에서 본 룻기의 기록 목적에 관한 연구", 『구약논단』 제19권 2호(통권 48집, 2013. 06. 30.), 52-53.
12. 김진명, "욥기의 서언과 결어에 나타난 '소유'(재산) 목록과 '신명'(神名)의 변화 문제에 대한 연구", 『구약논단』 제22권 1호(통권 59집, 2016. 03. 31.), 114, 119.
13. 위의 책, 107.
14. 민영진, "'여호와'를 주(主)로 번역함", 『신학논단』 제20집(연세대학교, 1993. 8.), 295-310.
15. 버나드 W. 앤더슨, 『구약성서탐구』, 109.
16. 위의 책, 109-110.
17. 히브리 성경에는 본래 '자음'만 표기되었는데, 시간이 흘러 본래 의미와 다르게 읽힐 위험에 직면했다. 그런 까닭에 주후 7-11세기, 마소라 학자들이 본래 읽던 전통에 따라 히브리 성경에 '모음'을 표기했다. 한편, 이는 엄연히 후대 작업이므로 경우에 따라 모음을 다르게 읽을 여지도 열어두어야 한다.
18. 버나드 W. 앤더슨, 『구약성서탐구』, 110-111.
19. 테렌스 E. 프레타임, 『현대성서주석-출애굽기』(강성열 옮김, 한국장로교출판사, 2001), 114.
20. 이영근 편저, 『히브리어 문법 해설』(비블리카 아카데미아, 2004), 163.
21. 버나드 W. 앤더슨, 『구약성서탐구』, 112.
22. 위의 책, 111.
23. 테렌스 E. 프레타임, 『현대성서주석-출애굽기』, 114.
24. 김덕중, 『거룩: 성소와 삶 속에서 만나는 거룩하신 하나님』(킹덤북스, 2018), 442. 표 442-443.
25. 위의 책, 441.
26. 김진명, 『하나님이 그려주신 꿈 레위기』(하늘향, 2015), 278.
27. 김진명, "레위기 19장의 정경적 전개에 관한 주석적 연구"(미간행 박사학

위논문, 장로회신학대학교, 2007), 72.

28. 위의 글, 73.
29. 김진명, 『하나님이 그려주신 꿈 레위기』, 186-187.
30. 김세권, 『삶을 흔드는 창세기 읽기』(크리쿰북스, 2017), 240.
31. 위의 책, 233.

   이삭의 어머니 사라는 남편 아브라함처럼 하나님께 새로운 이름을 받았고, 창세기 이야기 곳곳에서 적극적인 역할을 했다. 그런 그녀가 정작 창세기 22장에는 등장하지 않는다. 유대교 전설에 의하면, 사라는 모리아산 사건으로 충격을 받아 숨을 거두었기 때문이다. 랍비들은 이것이 창세기 23장 첫머리에 사라의 죽음이 기록된 이유라고 본다. 따라서 그들은 사라의 향년인 127세(창 23:1)에 그녀가 이삭을 출산한 나이 90세를 뺀 37세를 당시 이삭의 나이로 추정한다.

32. 위의 책, 235-236.
33. 위의 책, 231.
34. 강사문, 『구약의 역사 이해』(한국성서학연구소, 2002), 216.
35. 김세권, 『삶을 흔드는 창세기 읽기』, 249.
36. 김진명, 『하나님이 그려주신 꿈 레위기』, 285.
37. 존 더햄, 『출애굽기: WBC 성경주석 3』(솔로몬, 2000), 403.
38. 김의원, 민영진, 『성서주석: 사사기/룻기』(대한기독교서회, 2007), 325.
39. 가령, 성경에서 '샬롬의 저울추'와 '샬롬의 되'는 평형을 이룬 정확한 계량 도구를(신 25:15), 주님의 제단을 쌓는 데 사용하는 '샬롬의 돌'은 억지로 꾸미지 않은, 있는 그대로의 온전한 돌을 의미한다(신 27:6).

   홍성혁, "메시아 예언 본문들에 나타난 '샬롬'(평화)", 『구약논단』 제21권 제1호(2015. 3), 122-123.

   김정우, "성경 히브리어 '샬롬'(שָׁלוֹם)의 어휘 – 의미론적 연구와 그 신학적 함의", 『신학지남』 제325호(2015. 12), 31.

40. 홍성혁, "메시아 예언 본문들에 나타난 '샬롬'(평화)", 125.

41. Thayer's Greek-English Lexicon of the New Testament, STRONGS NT 1515: εἰρήνη
42. 이영근 편저, 『히브리어 문법 해설』, 343-344.
43. 박동현, 『아쉬레 하이쉬』(비블리카 아카데미아, 2008), 93.
44. 위의 책, 95-96.
45. 그레고리 K. 비일, 『성전신학』(강성열 옮김, 새물결플러스, 2014), 44, 63.
46. 김창대, 『에스겔서의 해석과 신학』(새물결플러스, 2021), 14.
47. 브루스 C. 버치, 월터 브루그만, 테렌스 E. 프레타임, 데이비드 L. 페터슨, 『신학의 렌즈로 본 구약개관』(차준희 옮김, 새물결플러스, 2016), 492-493.
48. 김창대, 『에스겔서의 해석과 신학』, 164-165.
49. 위의 책, 24
50. 위의 책, 455.
51. 그레고리 K. 비일, 『성전신학』, 467.
52. 김창대, 『에스겔서의 해석과 신학』, 543.
53. 위의 책, 551-552.
54. Soo J. Kim, "YHWH Shammah: The City as Gateway to the Presence of YHWH", *JSOT* Vol 39.2(2014), 206.
55. 김창대, 『에스겔서의 해석과 신학』, 556-557.